오픈 포커스 브레인

오픈 포커스 브레인

2024년 3월 15일 초판 1쇄 발행. 레스 페미와 짐 로빈스가 쓰고, 이재석이 옮겼으
며, 도서출판 샨티에서 박정은이 펴냅니다. 편집은 이홍용이 하고, 표지 및 본문
디자인은 황혜연이 하였으며, 이강혜가 마케팅을 합니다. 제작 진행은 굿에그커
뮤니케이션에서 맡아 하였습니다. 출판사 등록일 및 등록번호는 2003. 2. 11. 제
2017-000092호이고, 주소는 서울시 은평구 은평로3길 34-2, 전화는 (02) 3143-
6360, 팩스는 (02) 6455-6367, 이메일은 shantibooks@naver.com입니다. 이 책
의 ISBN은 979-11-92604-19-0 03180이고, 정가는 17,000원입니다.

원하는 삶을 창조하는 주의력 사용법

오픈 포커스 브레인

레스 페미 · 짐 로빈스 지음
이재석 옮김

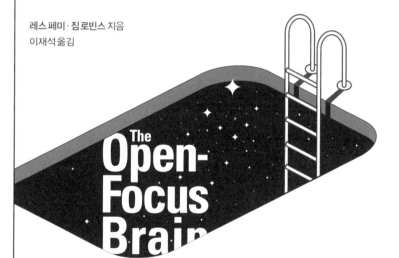

The
Open-
Focus
Brain

【산티】

"우리는 반쯤 잠들어 있는 상태이다. 불은 꺼져 있고,
불을 지피는 데 필요한 바람은 제대로 통하지 않는다.
우리는 우리가 발휘할 수 있는
정신적·신체적 자원의 극히 일부만을 사용하고 있다."

— 윌리엄 제임스William James

차례

마음은 인간 삶의 필수적인 요소이다. 예술 작품에서부터 건축물, 자동차, 교육 제도, 외교 정책에 이르기까지 인간의 모든 창조물은 마음에서 비롯한다고 할 수 있다. 중요한 결정들―무엇을 창조할 것인가, 환경을 보존할 것인가 개발할 것인가, 전쟁에 참여할 것인가, 무엇을 사고팔 것인가 등등―을 포함한 거의 모든 행동이 인간의 마음이 내리는 결정에 바탕을 두고 있다. 우리 문명 전체의 건강과 안녕도 개개 인간의 중추신경계와 그 산물인 마음의 건강과 안녕에 달려 있다고 해도 과언이 아니다.

그런데 마음이란 아주 미묘한 것이다. 우리는 마음에 대해 생각할 때, 마음은 그저 마음일 뿐이요 우리가 그에 대해 달리 '할 수 있는 것'이나 '해야만 하는 것'은 없다고 생각한다. 즉 마음을 변화시키기 위해 우리가 할 수 있는 일은 없다고 생각하는 것이다. 그리고 우리는 너무나 오랫동안 불안과 우울, 주의력결핍장애ADD와 함께 살아온 나머지 이런 문제가 얼마나 심각한지, 이런 문제가 없는 삶이 어떤 것인지 미처 자각하지 못하는 경우가 많다.

그런데 우리 모두는 간혹 이와는 전혀 다른, 마음이 탁 트이는 경험을 하기도 한다. 유럽 배낭 여행이나 옐로스톤 국립공원에서 자연의 광활함에 경외감을 느끼기도 하고, 일주일간의 여름 캠프에서 황홀한 사랑에 빠지기도 한다. 이런 확장된 경험을 한 뒤 일상으로 복귀하면 지금까지와는 전혀 다른 새로운 기분을 느끼게 된다.

이런 경험은 한낱 순간적인 기쁨으로 그치지 않는다. 그것은 불안이나 우울, 그리고 우리가 일상에서 겪는 지루함 같은 것들이 '순간적으로' 줄어든 상태로만 그치는 게 아니라는 말이다. 이런 경험은 우리가 일상의 평면적이고 2차원적인 세계를 벗어나 더 넓고 다차원적인 감각과 지각perception, 알아차림awareness의 영역으로 아주 가끔씩이지만 옮겨갈 수 있다는 것을 암시한다.

문제는 이런 변화를 '어떻게' 일으킬 것인가이다. 인류는 이를 위해 종교에서부터 요가, 명상, 약물, 운동, 예술에 이르기까지 실로 다양한 방법들을 만들어왔다.

그중 하나가 바이오피드백을 컴퓨터 상에서 간편하게 구현해 낸 뉴로피드백neurofeedback이다. 뉴로피드백은 자신의 뇌파 움직임을 컴퓨터 화면으로 보면서 스스로 뇌파를 조절하는 간단한 방법이다. 나는 뉴로피드백 같은 간단한 방법으로 주의력결핍 및 과잉행동장애 ADHD, 불안, 우울증, 그 외 많은 질병을 치료할 수 있다는 사실을 알고 무척 놀랐다. 이에 대해 나는《뇌의 교향악 A Symphony in the Brain》이라는 책에서 자세히 다룬 바 있다.

1998년, 나는 그 책의 집필을 위해 자료를 조사하던 중 레스 페미와 그의 아내 수잔 쇼 페미Susan Shor Fehmi의 사무실을 방문한 적이 있다. 방에는 각종 전선과 전구, CD 플레이어가 가득했다. 거기서 레스는 내 머리에 뉴로피드백 장비의 센서 다섯 개를 붙였다.

개념은 아주 간단하다. 페미가 '뇌파 동조 훈련'이라고 부르는 뇌파 바이오피드백은 '오픈 포커스Open Focus'라는 특정한 주의attention 방식을 취했을 때 나타나는 뇌파를 우리가 직접 볼 수 있도록 만든 정교한 거울과도 같다.(알파파가 생성되면 특정 형태의 빛과 소리로 내담자에게 피드백을 해준다. 그러면 내담자는 자신이 어떻게 했을 때 그 피드백을 받았는지 기억하면서 뇌파 동조 훈련을 하게 되는 것이다. ─옮긴이)

나는 30분 동안 빛과 소리로 전달되는 피드백을 받으며 눈을 감고 의자에 앉아 있었다. 공간이나 고요, 영원성처럼 이미지가 없는 것들을 상상하도록 안내하는 페미의 유도 테이프도 들었다. 의식적인 노력은 필요하지 않았다. 나의 중추신경계는 이 특정 형태의 소리-빛 피드백에 자동으로 반응했다. 첫 번째 세션에서 나는 15분 만에 변화가 일어나는 것을 느낄 수 있었다. 긴장된 근육들—긴장되어 있다는 사실조차 몰랐던—이 이완되기 시작하자 평온한 상태가 찾아왔다. 자리에서 일어났을 때 나는 약간 정신이 멍했지만 스트레스의 상당 부분이 해소된 걸 느낄 수 있었다. 나는 연습을 더 하고 싶었다. 페미는 내게 녹음된 오픈 포커스 연습 테이프를 몇 개 건네주며 하루에 두 번씩 들으라면서 이렇게 덧붙였다. "세 번씩 들으면 효과가 더 좋을 겁니다."

많은 사람들이 그렇듯 나 역시 만성적인 스트레스에 익숙해져 있었다. 스트레스로부터 막 벗어나기 시작한 이때까지도 나는 내 상태가 얼마나 심각한지 전혀 모르고 있었던 것이다.

오픈 포커스는 나와 이 책에 소개되는 많은 사람들의 삶을 바꿔놓았다. 페미와 오픈 포커스 연습을 하던 중 나는 오픈 포커스의 정수를 마침내 이해하게 되었다. 의자에 앉아 있던 나에게 페미는 미국 화가 앤드루 와이어스Andrew Wyeth의 〈크리스티나의 세계Christina's World〉라는 유명한 그림을 보여줬다. 들판에 앉아 몸을 기울인 채로 멀리 있는 집을 바라보는 소녀를 그린 그림이다.

그림을 볼 때 나는 그림 속의 크리스티나는 전경前景으로, 그리고 나머지 모든 것—크리스티나가 앉아 있는 풀밭과 멀리 보이는 집, 창고, 하늘 등—은 배경背景으로 보고 있었다. 이후 20분 동안 눈을 감고 오픈 포커스 연습을 하고 난 뒤 나는 이완된 상태에서 다시 그림을 보았다. 그때 나는 아주 새로운 체험을 했다. 이번에는 내 눈이 그림 전체를 '동시에' 받아들이고 있었다. 크리스티나, 들판, 집, 하늘…… 이 모든 것이 온전히 하나의 그림을 이루고 있었다. 내 눈동자는 크리스티나, 집, 창고, 하늘의 순으로 이동해 가지 않았다. 그것은 미묘하지만 아주 커다란 차이였다. 이후 나는 주의attention를 기울이는 방식과 우리의 인식awareness 형성 사이에 깊은 관련이 있다는 내용의 책을 쓰고 싶어졌다.

많은 저널리스트들이 자신이 목격한 세상의 잘못을 바로잡기 위해 글을 쓴다. 나 역시 마찬가지다. 나는 환경 문제, 아동 학대 문제에 관해 글을 써왔다. 저널리스트로서 나는 언제나 '더 큰 그림'을 보기 위해, 문제의 근본 원인을 파악하기 위해 더 넓은 시야를 확보할 수 있는 높은 곳에 오르려고 애쓴다.

지난 10여 년간 나는 우리에게 닥친 심각한 문제들이 대부분 동일한 원인에서 비롯되었다는 사실을 깨달았다. 우리는 과거의 상처를 안고 살아간다. 그런데 그 상처들은 주의를 기울이는 방식에서 비롯된 것으로 우리에게 분노와 두려움, 갈망, 슬픔을 일으킨다. 우리는 그런 '문화' 속에 살고 있다. 이것은 생각보다 우리의 삶에 큰 영향을 미친다. 우리는 '불완전한 렌즈'로 세상을 보고 있다. 이 렌즈는 우리의 인식을 깊게 물들여 우리를 필요 이상으로 분노와 두려움, 비탄, 불안으로 몰아넣는다. 우리가 가진 무의식적인 주의 습관과 그것이 억압하고 있는 감정들로 인해 우리는 세상과 단절된 채 자신이 세상의 일부임을 느끼지 못하고 있다. 주변의 것들을 제대로 느끼지도,

또 거기에 동참하지도 못하는 것이다. 그 결과 우리는 '지금 여기'를 온전히 살지 못하고 있다. 우리는 지금까지 주의를 기울여온 방식과는 다른 주의의 기준을 갖고 있지 않기 때문에, 즉 '주의를 기울이는 방식에 주의를 기울이지 못하기 때문에' 세상을 있는 그대로 보고 있다고 착각한다. 잔인한 역설이 아닐 수 없다.

그러나 우리는 변화할 수 있는 힘을 갖고 있다. 그 힘은 주의를 기울이는 방식에서부터 시작된다. 레스 페미는 인간 행동과 생리에 있어 주의가 갖는 중요성을 발견했다. 그 발견은 인간이 처한 조건에 관한 새로운 대화의 장을 열어줄 것이다.

— 짐 로빈스Jim Robbins

주의를 기울이는 방식이 삶을 바꾼다

> "삶에는 속도를 높이는 것보다 중요한 것들이 많이 있다."
>
> ―마하트마 간디Mohandas K. Gandhi

만약 당신이 오늘날의 대다수 사람들과 비슷하다면, 간디의 이 경고는 귀에 들어오지 않는 반면 삶의 속도는 기하급수적으로 빨라지고 있을 것이다. 나를 찾는 많은 사람들이 자기가 얼마나 바쁘게 하루를 보냈는지 이야기한다. 아이를 학교에 내려주고, 꽉 막힌 도로를 달려 정신없이 출근하고, 머릿속은 그날 직장에서 해야 할 일과 아이들 학교의 세세한 일로 꽉 차 있고, 출근 중에도 휴대폰은 수시로 울려대고…… 삶에서 뭔가 놓치는 일이 생길까봐 최대한 많은 것을 해내려 애쓰는 모습이다.

그런데 많은 사람들이 질주를 멈춰도 긴장이 풀리지 않는다고 말

한다. 사람들은 잠을 못 잔다거나 초조와 불안, 우울, 불만, 지루함에
시달린다고 토로한다. 술을 한두 잔 마시지 않으면 편히 쉴 수 없다
는 사람도 많다. 낮에 일하면서 집중하거나 주의를 기울이는 데 필요
한 에너지가 부족한 이들은 '더블 에스프레소' 한 잔으로 바닥난 힘
을 짜낸다. 두통과 요통, 기타 만성적인 신체 질환을 달고 살며, 머릿
속에는 온갖 생각이 폭주한다. 그러면서 삶의 경험들을 깊이 음미하
지는 못하고 그저 주변에서 일어나는 일들을 피상적으로 경험할 뿐
이라고 느낀다.

　이런 문제는 우리 주위에 매우 흔하다. 그러나 대부분의 경우 그들
자신에게 문제가 있는 건 아니다. 그들의 생활 방식이 뭔가 잘못된
것도 아니다. 그보다는 그것을 일종의 '오작동' 문제로 보는 것이 더
적절하다. 사람은 누구나 신경계의 균형을 바로잡고 치유할 수 있는
능력이 있으며, 이런 능력으로 위의 문제들을 해결할 수 있다. 고통
을 해소하고, 삶의 속도를 늦추면서도 더 많은 것을 성취할 수 있다.
삶을 더 깊이 경험하고, 몸과 마음의 기능을 최대로 활용하는 능력도
있다. 나아가 자신의 삶을 더 나은 방향으로 극적으로 변화시킬 수도
있다. 단지 그 방법을 모를 뿐이다.

　방법은 간단하고, 누구나 쉽게 손에 넣을 수 있다. 바로 '주의를 기
울이는 방식'을 바꾸는 것이다.

　사람들에게 주의를 어떻게 기울이는지 물어보면 대개는 머리를
긁적이며 내 말뜻이 뭔지 몰라 어리둥절해한다. 사람들은 대개 자신

이 주의를 기울이고 '있거나' 아니면 기울이고 '있지 않다'고 생각한다. 그것으로 끝이다. 사실 우리가 어떻게 주의를 기울이는지 제대로 설명할 어휘도 부족하고, 몸에서 나타나는 변화를 확인할 방법도 별로 없다. 얼핏 보면 '주의를 기울이는 방식'이라는 주제 자체가 매우 재미없어 보인다.

나는 40년 넘게 인간이 어떻게 주변 세계와 자신의 생각이나 감정 등 내면 세계에 주의를 기울이는지 연구해 왔다. 주의라는 주제의 표면 아래를 살짝 들여다보면 거기에는 아주 흥미롭고 근본적인 현상이 자리 잡고 있다. 그것은 오랜 세월 동안 성직자, 심리학자, 군사 전문가, 광고인 들의 관심을 끌어온 문제였다. 그도 그럴 것이 주의력이란 우리가 우리의 의식을 이끌어 세상을 경험하게 하는 핵심 메커니즘이기 때문이다.

'주의를 기울인다paying attention'는 표현은 적절하다. 왜냐하면 우리는 주의를 제대로 기울이지 못해 생각보다 비싼 대가를 치르는 경우가 많기 때문이다. (영어 단어 'pay'에는 '(주의를) 기울인다'는 뜻과 함께 '대가를 지불한다'는 의미도 있다. —옮긴이) 우리는 제대로 주의를 기울이지 못해 엄청난 생리적·감정적 문제를 일으키기도 하고, 자신이 가진 잠재력을 최대한으로 발휘하지 못하는 경우도 많다. 진실은 우리 대부분이 '잘못된 방식으로' 주의를 기울이며 살고 있다는 것이다.

지난 30년 동안 사람들이 뉴저지 주 프린스턴에 있는 우리 연구소 '프린스턴 바이오피드백 센터Princeton Biofeedback Center'를 한결같이 찾는 이유는 한 가지다. 바로 주의를 기울이는 방식을 바꾸기 위해서이다. 우리 센터에서는 각계각층 사람들이 약물을 비롯한 의학적 개입 없이 스트레스를 줄이고 만성 통증을 해결하며 불안을 멈추는 법을 배운다. 또한 우울증을 줄이고 공포심과 수치심, 질투심, 분노, 외로움을 완화하는 법도 배운다. 주의력결핍 및 과잉행동장애 등의 인지적 문제도 해결한다. 나와 함께 치료 작업을 한 세계 정상급의 경영자, 운동 선수, 예술가, 공연가 들은 자신의 기량을 눈에 띄게 향상시키는 법을 배웠고, 건강 전문가들은 주의력 훈련이 주는 교훈을 자신의 심리 치료나 마사지 등에 적용하는 법을 익혔다.

지금까지와 다른 방식으로 주의를 기울이는 데서 오는 변화는 결코 사소하지 않다. 그것은 우리의 신경계 전체, 눈에서부터 근육, 마음, 몸, 영혼에 이르기까지 강력한 영향을 미친다. 여기 몇 가지 사례를 소개한다.

- 메리는 지난 20년 동안 만성 신체 질환을 앓아왔다. 그중에서도 거의 매일, 때론 사흘씩이나 지속되는 극심한 편두통이 제일 큰 문제였다. 몇 달 동안 오픈 포커스 훈련을 받고 난 메리는 이제 두통이 한 달에 한 번 정도나 그 이하로 줄었다고 했다. 그녀는 새로운 직업도 갖고 장거리 달리기도 하게 되었다며 마치 '세상을 다시 얻은 기분'이라고 말한다.

- 아론은 성인이 된 이래로 늘 궤양성 대장염에 시달렸다. 대장의 극심한 통증과 함께 피로감과 식욕부진도 따랐다. 늘 불편감을 느꼈고, 어디 멀리 여행도 못했으며, 정해진 음식만 먹어야 했다. 그런데 오픈 포커스 훈련 후 그런 질환이 깨끗이 사라져 마음 놓고 여행도 다닐 수 있고 밖에서 이런저런 음식도 사 먹을 수 있게 되었다.

- 트럼펫 연주자인 토머스는 브로드웨이 뮤지컬과 재즈 클럽에서 오디션을 받기 전이면 늘 실수라도 할까봐 불안감으로 고통을 겪었다. 트럼펫 연주로 생계를 잇는 그에게 이렇게 심한 불안감은 생활 자체를 위협했다. 좋아하던 연주의 즐거움도 사라져버렸다. 토머스는 주의력 훈련을 통해 내려놓고 이완하는 법, 그러면서도 자신의 재능을 창조적으로 표현하는 데 집중하는 법을 배웠다. 그 후 토머스의 연주는 전보다 훨씬 자연스러워졌다. 그는 이렇게 말했다. "연주하는 그 순간에 온전히 몰입하는 법을 터득했어요. 그럴 때 좋은 음악이 나온다는 것도 알았고요."

- 뉴저지에 사는 주부 트레이시는 공황 발작과 광장공포증(대중교통이나 광장 등 사람이 많은 곳에 나가면 불안하고 공포감을 느끼는 증상―옮긴이) 때문에 집 밖을 나서지 못했다. 공황 발작은

뚜렷한 이유 없이 어느 날 갑자기 찾아왔다. 그녀는 공황 발작이 나타나면 심장이 뛰고 숨이 가빠져 거의 기절할 것 같은 느낌이 들었다. 그러다가 오픈 포커스 연습을 하면서 그런 증상이 줄어들기 시작해 마침내 완전히 사라지게 되었다.

주의가 갖는 힘에 내가 처음 관심을 갖게 된 것은 1969년 캘리포니아 모펫 필드에 있는 미 항공우주국NASA 에임스 연구센터Ames Research Center의 연구원으로 있을 때였다. 당시 나는 신장 결석이 있었는데 어느 날 오후 그때까지 경험해 보지 못한 갑작스럽고 극심한 통증이 온몸으로 뻗쳐왔다. 나는 통증 때문에 거의 바닥에 쓰러질 뻔했다. 진통제도 소용이 없었다. 손가락을 뒤로 꺾거나 몸을 꼬집는 등 몸에 다른 고통을 가해 그 통증을 잊으려고도 해봤지만 소용이 없었다. 통증이 모든 것을 방해했다. 몇 시간 후 통증은 처음에 갑작스럽게 생겼던 것처럼 다시 갑작스레 사라졌다.

며칠 후 통증이 다시 찾아왔는데, 이때 나는 다소 의외의 방법을 시도해 보기로 했다. 몸에서 통증이 가장 심하게 느껴지는 지점을 정확하게 찾아서 거기에 온전히 주의를 기울인 것이다. 그런 다음 통증과 '싸우는' 대신 ─ 그때까지 나는 의식적·무의식적으로 통증과 싸우고 있었다 ─ 통증에 나를 내맡겼다. 내 몸이 통증을 온전히 느끼도록 허용했을 뿐만 아니라 나를 아예 통증에 푹 빠트려 그것을 있는 그대로 받아들였다. 그러자 즉시 통증이 사라졌고, 그 자리에는 놀랍게도 아주 가벼운 느낌이 생겨났다. 주변 세상도 더 밝게 보였다. 현재 순간에 온전히 존재하며, 더 중심이 잡히는 것이 느껴졌다. 놀랍게도 그날 내내 통증은 다시 나타나지 않았다.

다음날, 신장 결석으로 인한 통증이 다시 나타났다. 어제 경험한 그 가볍고 경쾌한 느낌은 희미해졌다. 다시 한 번 나는 통증과 싸우기를 멈추고 통증 속으로 뛰어들었다. 그러자 밝고 선명한 그 느낌이 다시 나타났다. 나는 여기에 '뭔가 있다'는 걸 직감하고 나의 첫 가설을 세웠다. 그것은 "우리가 통증을 얼마나 크게 느끼는가는 통증에 어떻게 주의를 기울이는가와 관련이 있다"는 것이었다. 내가 시도한 방법은, 통증에만 집중해 그것과 싸운다거나 통증에서 주의를 흩뜨려 도망가는 것과는 달랐다. 그것은 통증을 내 주의의 '한가운데' 두고 다른 감각은 그 주위에 두면서 이완된 상태로 폭넓게 통증에 몰입하는 것이었다. 그러자 통증은 내가 자각하는 것의 '대부분 혹은 전부'가 아니라 '아주 작은' 부분으로 축소되었다. 이렇게 나의 알아차림awareness—그것이 바로 나이다—을 통증과 하나되게 함으로써 통증이 흩어져 사라지게 할 수 있었다.

나는 약물이나 수술 없이 통증에 주의를 기울이는 방식을 바꾸는 것만으로 이토록 심한 몸의 통증을 통제할 수 있다는 사실을 알고 무척 놀랐다. 이 발견을 계기로 나는 우리가 주변 세계에 주의를 기울이는 방식과, 여러 형태의 주의들이 몸과 마음에 미치는 깊은 영향을 이해하는 작업에 평생을 바치게 되었다. 수십 년 연구 끝에 나는 한

가지 중요한 교훈을 얻었다. 그것은 바로 주의를 기울이는 방식을 바꿀 때 신체적·감정적·정신적·영적인 모든 차원에서 세상과 관계 맺는 방식을 근본적으로 바꿀 수 있는 힘을 얻게 된다는 사실이다.

　동양의 영적 수련과 무예에서는 주의가 갖는 힘을 중요하게 여겨 왔다. 동양인들은 오래 전부터 주의를 의식적으로 통제하는 것이 자신의 내적·외적 현실을 능숙하게 장악하는 강력한 방법이라는 사실을 알고 있었다. 그러나 서구 문화는 우울증에서부터 불안, 주의력결핍 및 과잉행동장애, 온갖 만성 통증과 수면 장애, 피로, 슬픔, 고독, 불안 등의 문제를 치유하는 데 주의 방식이 어떤 역할을 하는지 제대로 이해하지 못했다. 또한 진정한 합일을 경험하는 데 주의 방식이 어떻게 기여하는지도 제대로 알지 못했다. 인간 경험의 가장 중요한 부분은 관계―사람들과의 깊고 사랑 가득한 연결부터 세상과 하나 되는 합일의 느낌에 이르기까지―라고 할 수 있다. 주의를 의식적으로 다루는 법을 익히는 것은 바로 이러한 관계들을 최적의 상태로 만드는 길이다.

　1998년 과학 저널리스트인 짐 로빈스Jim Robbins가 나와 내 아내이자 파트너인 수잔 쇼 페미를 인터뷰하고 오픈 포커스 기법도 체험해 보려고 맨해튼의 우리 사무실을 찾아왔다. 뇌파 바이오피드백 혹은 뉴로피드백(뇌파를 실시간으로 관찰하고 제어해 심신에 이로운 전기 활동 패턴으로 유도하는 방법)은 1960년대 이래 불안증과 기타 문제에 대한 효과적인 치료법으로 사용되어 왔다. 1980년대에는 컴퓨터의 활용으로 그 효과가 크게 높아졌으며, 오늘날에도 전 세계 수천 명의 전문가들이 다양한 종류의 바이오피드백과 뉴로피드백을 사용하고 있다. 그러나 바이오피드백과 뉴로피드백은 약물과 수술이라는 기존 의료 모델에서 벗어난다는 이유로 적절한 평가를 받지 못하고 있는 실정이다.

로빈스가 나를 인터뷰한 것은 바이오피드백 개발 초창기에 내가 그 분야에 활발히 관여한 까닭도 있었다. 나는 1968년 바이오피드백 연구자들의 첫 번째 심포지엄에서 의장을 맡았고, 1969년에는 미국 바이오피드백협회Biofeedback Society of America (이는 나중에 '응용생리학 및 바이오피드백협회Association for Applied Physiology and Biofeedback(AAPB)'가 되었다)의 창립을 도왔다. AAPB는 현재 전 세계적으로 2천 명이 넘는 회원이 있으며, 나는 지금도 그들의 연례 모임과 기타 전문가 모임에서 워크숍을 진행하고 있다.

오픈 포커스가 중요한 것은 누구나 주의를 기울이는 기술을 향상시켜 신체의 생리 기능까지 개선할 수 있다는 점 때문이다. 주의 기술을 자유자재로 활용함으로써 자신의 중추신경계, 나아가 개인적 현실까지 제어하는 것이야말로 궁극의 통제요 자유일 것이다.

오늘날 서점에는 자기 계발 서적들이 넘쳐난다. 그러나 나는 그런 책들 대부분이 모호하고 효과도 의심스러우며 구체적이지도 않다는 걸 알게 되었다. 이 책이 다른 책들과 차별화되었으면 하는 부분이 바로 그 지점이다. 뉴로피드백과 오픈 포커스 주의 훈련으로 수천 명의 내담자를 치료해 온 임상의로서 나는 지난 수십 년 동안 사람들이 자신의 주의력을 최적화해 삶에서 최대한의 것을 얻어내도록 돕는 특별한 훈련법을 다듬어왔다.

이 책은 우리 몸과 마음에서 주의 기능이 갖는 중요하고 보편적인 역할을 살펴보고, 어떻게 주의를 기울이는 방식이 스트레스를 감소시키고 치유를 일으키는지에 대해서도 간명한 언어로 설명한다. 다양한 주의 방식을 알고 이를 활용할 때 우리는 명상을 통해 얻을 수 있는 것과 동일한 효과를 얻을 수 있다. 이런 점은 과학적인 관찰과 연구에 기초하고 있으며, 쉽고 평이한 행동학적·생리학적 언어로 설명된다. 이 책은 독자들이 치유 여정에 나설 수 있도록 다양한 연습을 제시한다. 오픈 포커스 훈련을 규칙적으로 해나간다면 독자들은 만성화된 감정적·신체적 통증, 그리고 원하지 않는 불편한 느낌을 손쉽게 해결할 수 있을 것이다.

이 책《오픈 포커스 브레인》은 무엇보다도 낙관적인 전망을 담은 책이다. 물리학자 베르너 하이젠베르크Werner Heisenberg는 "과학자들이 관찰하는 것은 자연 그 자체가 아니라 그들이 질문하는 방식에 맞게 드러난 자연"이라고 말했다. 뇌를 이해하는 데서도 과학자들은 "뇌의 어떤 부분이 잘못되었는가?"라는 지극히 편향된 질문에서 출발한다. 우리는 인간의 중추신경계에 유전적·화학적으로 무언가 결함이 있다는 식의 편향된 시각이나, 또 그 메커니즘과 장기적 효과가 아직 밝혀지지 않은 강력한 약물이 우리를 '고쳐줄' 것이라는 믿음을 버려야 한다. 그 대신에 우리의 신경계가 '올바른' 상태는 어떤 것인지, 어떻게 하면 작동 오류를 줄여 신경계를 개선할 수 있는지 물어야 한다.

내가 보기에 많은 사람에게 최상의 치료 도구는 주의력 훈련이다. 잘못되고 경직된 방식으로 주의를 기울임으로써 우리는 만성적인 불안과 우울, 통증을 겪고 있다. 따라서 주의 기술을 효과적으로 사용한다면 거기에서 벗어날 수 있다. 유연하게 주의를 기울인다고 해서 모든 문제를 해결하지는 못하겠지만 생각보다 훨씬 많은 문제를 바로잡을 수 있다.

인간은 결코 세상을 만성적인 두려움이나 부정적인 감정의 렌즈를 통해 바라보도록 만들어지지 않았다. 우리는 세계를 '있는 그대로' 직접 경험해야 하는 존재이다. 우리는 다른 사람들과 깊은 관계를 맺도록 되어 있다. 직장과 학교, 가정에서 주의력 훈련을 함으로써 우리는 가슴을 열고, 감각의 풍요로움을 온전히 경험할 수 있으며, 잊고 있던 자신의 일부와도 다시 연결될 수 있다. 우리는 합일과 초월의 순간을 경험함으로써 이 세상의 경이로움을 발견할 수 있다. 우리가 주의를 기울이는 방식에 주의를 기울일 수 있고, 자신의 주의를 통제하며 스스로 만든 현실에 책임질 수 있다면, 이는 인류의 진화에서 중요한 분기점이 될 것이다. 이것은 참으로 심오한 깨달음이요 전에 없던 발견이라고 할 만하다. 이제 더욱 생생한 현실을 만드는 데 주의를 기울이는 방식을 어떻게 활용할 것인지 배워야 할 때이다.

　이 책은 주의력 훈련을 시작하기 위해 우리가 알아야 할 것들을 알려준다. 또한 오픈 포커스라는 주의 조절 체계를 설명하고 있으며, 자신의 주의를 오픈 포커스 상태로 확장시킬 수 있는 연습들도 담고 있다. 주의를 기울이는 방식을 더 잘 알아차리고 여러 가지 주의 방식을 인식하도록 돕는 도구들도 제공한다. 나아가 새롭게 발견한 오픈 포커스 주의 방식을 일, 놀이, 가정 등 우리의 모든 생활 영역에 적용하는 법도 알려준다. 그것은 우리의 삶을 더 수월하게, 그러면서도 더 만족스럽게 만들어줄 것이다.

◆ 오디오 프로그램에 관하여

오픈 포커스 연습을 할 수 있도록 안내하는 영상이 유튜브에 올라와 있다. 그중 하나는 4장에 수록된 '머리와 손에 대한 오픈 포커스 훈련'이고, 또 하나는 책에는 나와 있지 않은 '오픈 포커스 종합 훈련General Open-Focus Training'이다. 일단 책을 어느 정도 읽어 오픈 포커스 훈련의 활용과 기본 이론에 대해 충분히 이해했다면 이 영상을 하루 두 차례씩 들으면서 최대의 효과를 경험해보기를 권한다.

그 밖에도 특수한 문제에 적용할 수 있는 연습들이 책의 곳곳에 실려 있다. 오픈 포커스 프로그램에 대해 더 자세히 알고 싶다면 www.openfocus.com을 방문하기 바란다.

※ 이 오픈 포커스 훈련을 하고 싶은 분들을 위해 한국어 버전으로 영상을 만들어 유튜브에 올려놓았다. 유튜브 '샨티 TV'에서 '오픈 포커스'를 검색하면 이 영상들을 만날 수 있다. ─샨티 편집부

CHAPTER 1

좁은 주의에
중독되다

The Open-Focus BRAIN

좁은 주의에 중독되다

"주의attention는 심리 체계 전반의 신경과 같다."

—에드워드 티치너Edward Titchener(PhD), 주의 연구의 선구자

우리는 어떤 날은 물 흐르듯 매끄러운 하루를 보내다가도, 어떤 날은 힘겹게 보내기도 한다. 또 한 순간은 상대에게 사랑을 베풀고 너그럽게 대하며 몰입해 있다가도, 바로 다음 순간 비판적이 되고 무감각해지며 짜증을 내기도 한다. 아침에는 엄청난 문제로 느껴지던 것이 오후에는 별로 대수롭지 않은 문제처럼 보이기도 한다. 한 순간 다리에 통증이 엄습하더니 바로 다음 순간 말끔히 사라지기도 한다. 이런 변화를 어떻게 설명할 수 있을까? 내가 보기에 가장 근본적인 이유는 주의를 기울이는 방식이 자기도 모르게 바뀌었기 때문일 것이다. 사람들은 주의를 기울이는 방식의 변화에 따라 영향을 받는다. 그러나

이런 느낌의 변화가 생각과 감정, 신체 감각에 주의를 기울이는 방식의 변화와 관련 있다는 사실은 알지 못한다.

의식awareness을 형성하고 의식의 방향을 지시하는 '주의 방식의 변화'는 우리가 잘 깨닫지 못하지만 삶에서 큰 역할을 한다. 실제로 주의의 방식과 방향을 선택하는 일은 아주 중요하다. 어떤 종류의 주의는 신체 통증과 감정적 스트레스를 빠르게 해소하고 몸의 생리에도 폭넓은 변화를 가져온다. 내 생각에 긍정적인 변화를 일으키는 모든 치료나 이완 기법은 부분적으로라도 주의 방식을 이로운 방향으로 전환시킴으로써 그 효과를 발휘하는 것으로 보인다.

예를 들어 영화를 보거나 낚시를 하거나 휴가를 가서 경험하는 즐거움이나 이완은 상당 부분 이런 활동을 하는 동안 잠시나마 우리의 주의 방식이 바뀌는 데서 비롯한다. 휴가를 가 있는 동안 우리는 청구서나 직장 업무, 그 밖에 책임진 일들에 초점을 좁히고 살던 데서 벗어난다. 그에 따라 우리 몸도 긍정적인 방향으로 반응한다. 휴가를 가 낯선 환경을 접하면서 우리는 다양한 감각들(가령 훅 불어오는 바닷물의 짠 냄새나 소나무 향기 같은)을 알아차릴 수 있을 정도로 주의를 확장시키는 경험을 한다.

내가 40년 넘게 해온 연구와 임상 경험은 주의를 기울이는 방식이 신경계에 강력하고도 직접적인 영향을 미친다는 사실을 뚜렷이 시사하고 있다.(정신 건강과 신체 건강에 주의가 미치는 역할에 관한 자세한 과학적 개관은 www.openfocus.com을 참조하라.)

주의 방식은 우리 삶의 모든 영역에 영향을 미친다. 안락함은 특정한 주의 방식이 가져다주는 결과이다. 사랑도 주의를 기울이는 한 가지 방식이다. 힘들고 경직된 방식으로 주의를 기울이면 스트레스를 받게 되고, 이는 몸과 마음 전체에 해로운 영향을 끼친다. 그럴 때 우리는 두렵고 화나고 힘들고 경직되거나 저항하는 식으로 과잉 반응하기 쉽다. 반대로 유연한 방식으로 주의를 기울이면 우리는 더 수용적이고 편안하고 에너지 넘치며 또한 깨어 있고 건강하고 생산적이 되어 훨씬 자연스러운 흐름을 탈 수 있다. 완전한 주의는 우리를 창조성, 자발성, 수용, 신뢰, 공감, 통합, 생산성, 유연함, 효율성, 스트레스 완화, 인내, 끈기, 정확성, 균형감, 연민으로 이끈다.

주의의 힘을 통해 우리의 건강과 안녕을 도모하는 데 분명히 해야 할 것이 한 가지 있다. 그것은 우리가 '무엇'에 주의를 기울이는가보다 '어떻게' 주의를 기울이는가가 훨씬 중요하다는 사실이다. 즉 '어떻게' 우리의 의식을 형성하고 기울이는가, '어떻게' 특정 주의 방식을 유지하는가―경직되게 유지하는가, 유연하게 유지하는가―가 중요하다는 말이다.

우리가 인식하건 못하건 우리는 몸과 마음 전체를 통해 주의를 기울인다. 그것을 측정하는 것도 가능하다. 우리의 주의 방식은 뇌의 전기적 리듬(뇌파)에 영향을 주는데, 그것은 뇌전도electro-encephalogram(EEG)를 통해 확인할 수 있다.

뇌는 몸과 마음의 마스터 제어판이다. 그렇기 때문에 뇌의 전기 패턴이 바뀌면 몸 전체가 영향을 받는다. 근육 긴장도와 호흡률(호흡을 할 때 배출하는 이산화탄소 양과 흡입한 산소 양의 비율―옮긴이), 그리고 신경 전달 물질과 호르몬의 흐름에도 변화가 생긴다. 또한 지각, 기억, 정보 처리와 수행, 생리, 정서적 안녕 등도 모두 주의에 영향을(내 생각에는 주의에 지배를) 받는다.

우리는 다양한 주의 방식들을 충분히 알지도 못하고 활용하지도 못한다. 서로 다른 특징을 지니며 각기 다른 일에 적합한 다양한 주의 방식이 있다는 사실을 아는 사람은 많지 않다. 우리는 문화적으로 편향되어 제한된 주의 방식에 갇혀 있다. 이는 우리에게 상당한 대가를 치르게 한다. 나의 내담자 중 많은 사람이 뭔가 덫에 걸려 있다거나 벽으로 둘러싸여 있는 것 같다면서도, 그 벽이 무엇으로 만들어졌는지, 어떻게 하면 허물 수 있는지는 알지 못한다. 환자들은 자기 스스로 그 벽을 만들었다는 사실은 어느 정도 안다. 그러나 그들은 그 벽이 자신의 의식 안에 있는 것, 즉 자기 삶에서 일어난 일들로 만들어졌다거나 혹은 외부 요인과 그에 관한 자신의 생각들로 만들어져 있다고 여긴다. 그들은 문제 해결을 위해 끊임없이 자신의 의식 안에 있는 그 문제의 내용을 찾는 데 빠져 있어 거기에서 벗어나지 못한다. 정작 그들을 꼼짝달싹 못하게 만드는 벽은 대개 주의를 기울이는 방식의 편향 때문에 생긴 것인데도 말이다.

사냥 준비

아프리카 사바나 초원 지대, 한 무리의 사자들이 풀 언덕에 엎드려 있고, 사자들 등 뒤로는 따뜻한 햇살이 쏟아져 내린다. 사자들은 반쯤 잠든 채로 근육은 이완되고 호흡은 느릿느릿하다. 그때 가젤 한 무리가 사자들 눈에 들어온다. 그러자 사자 몇 마리가 머리를 바짝 세운다. 그런데 사자들이 진짜로 달라지기 시작하는 것은 가젤 무리 중 한 마리가 상처를 입었다는 사실을 알아차릴 때이다. 그 순간 사자들은 미동도 하지 않고 상처 입은 가젤 한 마리에만 온 시선을 집중한다. 상처 입은 가젤을 제외한 모든 것—다른 가젤들도 포함해—은 이제 뒤 배경으로 물러난다. 사자들은 상처 입고 우는 가젤의 소리에만 집중하고 다른 소리는 귀에 들어오지 않는다. 이제 사자들은 이완되고 확산된 주의 방식에서 한 대상에만 시각의 초점을 집중하는 주의 방식으로 옮겨간다. 그리고 그 결과 사자들의 각성도는 높아진다. 상처 입은 가젤을 쫓기 위한 준비 과정으로 사자들의 근육 긴장도와 심장 박동수, 호흡률이 증가하는 것이다.

나는 이런 주의 방식을 '좁은 대상형 주의narrow-objective attention'라고 부른다. ('objective attention'은 '객관형 주의'라고 옮길 수도 있다. 다만 이 책에서 'objective'라는 용어가 주의 방식과 관련해 사용될 때 주로 '나와 분리된 지각 대상'을 지칭하는 의미로 쓰여서 '대상형'으로 번역하였다. 하지만 맥락에 따라 대상보다는 객관성에 초점을 둔 경우에는 원래의 의미를 살려 '객관적' 등의 용어로 번역하였음을 밝혀둔다.—옮긴이) 이 방식은 우리 대부분이 자각하지 못한 채 내부 및 외부 세계에 주의를 기울이는 방식이다. 좁은 대상형 주의는 하나 혹은 몇 개의 중요 대상만을 인식의 전경前景으로 삼아 거기에 온 신경을 집중하는 것으로, 그 밖의 모든 자극은 인식의 배경背景으로 물러난다.

앞서 말한 것처럼 우리가 주의를 기울이는 방식은 뇌파에 영향을 미치는데, 이는 뇌전도EEG로 측정된다. 과학자들은 뇌전도를 이용해 서로 다른 주의 방식들이 특정 뇌파의 주파수들에 각각 상응한다는 사실을 입증해 보였다. 뇌파 활동은 대개 1~50Hz 범위에서 기록된다. 헤르츠Hertz (Hz)는 주파수의 단위로 1초당 사이클(진동의 주기—옮긴이)의 수를 가리킨다. 헤르츠가 높을수록 주기가 빠르다고 할 수 있다. 우리가 뇌파라고 부르는 것은 뇌 활동의 전기적 표현이다. 매순간 각 뇌세포들의 전기 활동이 모두 합쳐져서 만들어지는 복합적인 전기적 패턴이 곧 뇌파이다. 뇌파는 두피와 두개골을 통해서 측정한다.

정상적인 뇌파의 주파수는 보통 다음 네 가지로 나뉜다. 가장 느린 델타파(0.5~4Hz)는 수면시에 나타나는 뇌파이다. 세타파(4~8Hz)는 의식이 몽롱한 상태에서 나타나는 뇌파로, 깊이 이완되어 있거나 몽상에 젖어 있거나 잠에 빠져들 때 생긴다. 알파파(8~12Hz)는 역시 이완되어 있긴 하지만 의식이 깨어 있다는 점에서 차이가 있다. 활성파active frequency라고도 하는 베타파(13~50Hz)는 일을 할 때 생기는 뇌파이다. 베타파는 다시 저베타파, 중베타파, 고베타파의 세 하위 그룹으로 나뉜다. 저베타파(13~15Hz)는 이완되어 있으면서도 관심을 갖고 주의를 기울이는 상태이다. 예를 들면 시험 내용을 잘 아는 학생이 시험을 치를 때 나타나는 뇌파이다. 중베타파(16~22Hz)는 외부에 집중된 주의를 보낼 때 생긴다. 중베타파 이상의 주파수는 주로 좁은 초점을 사용할 때와 관련이 있다. 고베타파(22Hz 이상)는 근육 긴장, 분노, 불안, 기타 격렬한 감정과 관련이 있다. 시험 공부를 제대로 하지 않아 불안한 마음으로 시험장을 향하는

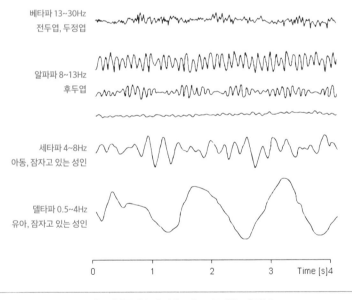

베타파 13~30Hz
전두엽, 두정엽

알파파 8~13Hz
후두엽

세타파 4~8Hz
아동, 잠자고 있는 성인

델타파 0.5~4Hz
유아, 잠자고 있는 성인

0   1   2   3   Time [s]4

그림 1. 뇌파 주파수 비교(자료: 옥스퍼드대학교 출판부)

학생, 운전 중 앞에 끼어든 자동차 운전자에게 버럭 고함을 지르는 운전자가 여기에 해당한다.(그러나 최근에는 40Hz 정도의 주파수가 오랜 기간 명상을 한 사람들한테서 많이 관찰되었다.)(40Hz 정도의 빠른 주파수를 감마파라고 부른다. 모든 뇌파 중에서도 최고의 에너지를 분출하며, 베타파처럼 외부 세계에 대한 반응이 아니라 깊은 명상 상태와 같은 내면의 자극에 의해 분출되는 뇌파이다.—옮긴이)

좁은 대상형 집중은 우리가 비상시에 주의를 기울이는 주의 방식으로, 뇌의 전기 활동의 주파수를 빠르고 크게 증가시키며 심박수나 호흡률 같은 우리 몸의 생리적 각성 또한 높여준다. 그리고 이는 다시 우리의 지각, 감정, 행동에 직접적으로 영향을 미친다. 좁은 대상형 집중은 특정 업무를 훌륭하게 수행하는 데 도움이 되지만, 한편으로 그에 상응하는 신체적·심리적 대가를 치르게 한다. 좁은 대상형 주의를 만성적으로 사용하면 스트레스가 누적되기 때문이다. 우리는 자각하지 못하지만 이런 유형의 주의를 지속하는 데는 상당한 에너지가 필요하다. 좁은 초점 상태에서는 다른 주의 방식에서보다 중추신경계가 더 불안정해지고 외부 자극에도 더 과민하게 반응하게 된다.

인간은 진화하면서 지금 당장 위급하거나 중요한 외부 상황에 반응하는 좁은 주의 방식을 발달시켰다. 여기에 잘못된 점은 없다. 사실 우리가 좁은 주의를 자주 사용하는 이유도 그것이 우리에게 큰 도움을 주고, 이를 통해 단시간에 많은 것을 성취할 수 있기 때문이다.

문제는 우리가 좁은 주의에 지나치게 의존하고 있으며 거기에 거의 '중독'되어 있다는 점이다.

모든 것이 다 긴급한 게 아닌데도 우리는 매사에 긴급하게 대응하는 경우가 많다. 이는 마치 가장 높은 기어 한 가지로 계속 스포츠카를 모는 것과 비슷하다. 그 상태로 액셀러레이터를 밟으며 전속력으로 질주하는 것처럼, 우리는 삶의 대부분을 이런 모드로 지내고 있다. 그렇게 하면 변속기와 엔진 등 자동차 부품이 망가진다는 사실도, 또 기어 변환 장치로 속도를 조절할 수 있다는 사실도 깨닫지 못한 채 말이다. 오픈 포커스 주의 훈련은 바로 그것을 하려는 것이다. 오픈 포커스 훈련은 우리가 지금과는 다른 주의의 기어로 살 수 있다는 사실을 보여준다. 기어 변환 장치를 작동시켜 최고의 성능을 발휘할 수 있게 하는 것이다.

좁은 대상형 주의에 조건화되다

———

오늘날의 물질 사회에서 좁은 대상형 주의는 일종의 '공식 통화'라고 할 수 있다. 우리는 아무런 의심 없이 거의 언제나 좁은 대상형 주의를 기울인다. 그것이 우리에게 보상을 주기 때문이다. 적어도 단기적으로는 말이다. 우리의 문화는 하나됨이나 합일 같은 공통된 경험을 통해서가 아니라 스포츠 경기, 생각이나 느낌, 새로 구매한 물건 등 그 형태가 무엇이든 공통의 객관적 경험을 공유하고 반복하면서 관계를 맺는 사회이다. 사람들은 어제 텔레비전에서 본 축구나 야구 시합에 관한 자질구레한 것들을 떠올리면서 몇 시간이고 계속 떠들어댄다. 또 자기가 구입했거나 구입하고 싶은 물건에 대해 이야기한다. 혹은 영화나 텔레비전 쇼에 대해서 떠들어댄다. 이처럼 우리는 자신의 생각과 경험에 집중하고 그것을 대상화시킨다. 그것에 이름을 붙이고 기억하는 능력, 말로 표현하는 능력을 키운다. 그리고 그런 능력으로 보상을 받는다. 심지어 그런 능력에 따라 존경이나 멸시, 비난, 사랑, 처벌을 받기도 하며, 받아들여지기도 하고 거부당하기도 한다. 이런 것을 잘하지 못하면 낙인이 찍힌다. 주변 사람들과 다른 존재로 인식되고 소외되며 심하면 완전히 무시당하기까지 하는 것이다.

우리는 누구나 어릴 적부터 부모님과 선생님으로부터 이런 말을 들으며 자랐다. "숙제하는 데 주의를 기울여라" "선생님께 주목해라" "쓸데없는 생각 하지 마라" "집중해라" "앞 잘 보고 다녀라" "차 조심해라" 등등…… 이런 말들로 부모님이나 선생님은 우리에게 무엇을 가르치려 했던 것일까? 그것은 우리가 그런 것들(부모님이나 선생님이 보기에 중요하다고 간주한 것들)에 좁게 집중하여 주의를 기울여야 한다는 것이었다. 다시 말해 그 대상을 제외한 나머지 모든 것들, 특히 외부 세계에 있는 것들을 우리의 인식에서 '제대로' 배제하지 못하고 있다는 거였다. 그러나 사실 우리는 우리 나름대로 주의를 기울이고 있었다. 비록 그분들이 말씀하던 것과는 다른 것에, 자신의 생각과 아이디어에 주의를 기울이고 있었지만 말이다. 그러나 부모님과 선생님, 친구들이 권하는, 좁게 집중하는 주의 방식에 충실할수록 우리는 그들에게 신뢰와 인정을 받을 수 있었다. 이처럼 우리 사회는 거의 언제나 좁은 대상형 주의를 채택하라는 압력을 우리에게 행사하고 있다.

현대 사회에서 주의를 요구하는 것들은 그 수가 기하급수적으로 늘고 있다. 매일매일 쏟아지는 새로운 경험과 정보를 관리하고 통제하는 일이 현대인에게는 하나의 강박처럼 되어버렸다. 우리는 내외부적으로 생각, 소리, 느낌, 맛, 냄새, 시각 이미지 등 무수한 감각 대상이 넘쳐나는 대상 중심적 사회에 살고 있다. 또한 우리가 직장과 가정에서 하는 일들도 시간이 오래 걸리고 복잡할 때가 많다. 텔레비전은 자동차에서부터 휴대폰, 의류, 다이아몬드 반지에 이르는 온갖 상품의 광고를 쏟아내고, 마트에는 수천 가지 물건들로 가득하다. 게다가 핸드폰과 인터넷, 비디오 게임도 해야 한다. 좋아하는 인기 밴드의 공연도 놓치지 말아야 하고, 새로 나온 휴대폰 벨소리도 다운받아야 한다. 우리는 인류 역사상 그 어느 때보다 많은 감각 대상들에 가치를 두고 그것들을 찾아다닌다. 우리는 전례 없이 다양한 감각 대상들에 둘러싸여 있으며, 과거 어느 때보다 감각 대상을 중시하는 시대에 살고 있다.

'정보의 흐름'은 이제는 엄청난 속도로 흐르는 급류가 되어버렸다.

토머스 데이븐포트Thomas Davenport와 존 벡John Beck은 그들의 저서 《관심의 경제학The Attention Economy》(한국어판 제목―옮긴이)에서 오늘날 비즈니스 세계의 가장 큰 문제는 '조직의 주의력결핍장애'와 싸우고 있다는 것이라고 말했다. 이것은 직원들이 일상적인 업무 중에 무엇에 주의를 기울여야 할지 알지 못하는 현상을 말한다. 가령 오늘날 일요판《뉴욕타임스》한 호에는 15세기의 독자들이 이용할 수 있었던 문서 정보를 모두 합한 양보다 많은 사실 정보가 들어 있다고 한다. 미국에서 매해 출간되는 서적의 종수만 6만 종이 넘는다. 우리의 일상을 파고든 인터넷은 또 어떤가? 현재 인터넷상의 웹페이지 수는 무려 20억 개가 넘는다.

이런 정보 홍수의 시대를 헤쳐 나가기 위해 우리가 사용하는 방법이 좁은 대상형 주의이다. 그 많은 정보를 평가하고 우선순위를 매기기 위해서 말이다. 오늘날의 물질 사회, 정보 사회가 우리에게 주는 이익이 무엇이라고 생각하든, 뇌가 이 많은 정보들을 받아들이고 분류하는 데 엄청난 시간과 에너지가 요구된다는 사실만큼은 분명해 보인다. 오늘날 사회는 매우 빠르게 돌아가며, 우리의 뇌도 그 속도에 발맞추기 위해 계속해서 분주하게 움직인다. 그러나 주변 세계에 좁고 경직된 방식으로 주의를 기울이다 보면 우리는 쉽게 지칠 수밖에 없다. 이것이 우리가 겪고 있는 많은 문제의 원인이다.

주의와 두려움

스트레스는 단순히 정보의 양이 너무 많아 생기는 것은 아니다. 자신의 감정에 어떻게 주의를 기울이는가 하는 것이 좁은 대상형 주의에 중독되는 핵심 요소이다. 좁은 초점은 우리의 안녕이 위협받을 때 일어나는 것으로, 이는 두려운 상황에 맞닥뜨렸을 때 생기는 반사적 반응이다.

카일이라는 남자아이의 예를 보자. 매일 오후 통학 버스가 집에 도착할 때쯤이면 카일은 명치끝에서부터 두려움이 올라오기 시작했다. '아버지가 집에 있으면 어쩌지? 술을 드셨을까?' 카일의 아버지는 술만 마시면 폭력적으로 변했다. 카일을 쫓아다니며 조그만 잘못에도 허리띠로 매질을 했다. 카일은 버스 안에서 아이들이 웃으며 이야기 나누고 있는 모습을 보면서 자기 집이 아닌 다른 누군가의 집에 가면 좋겠다고 생각했다.

결국 카일은 위탁 가정에 맡겨졌고, 위탁 가정에서는 카일을 트라우마에 시달리는 아동을 위한 특수 학교에 보냈다. 무엇보다도 아동기의 학대와 무관심은 아이의 인지 능력에 좋지 않은 영향을 미친다. 카일의 선생님은 카일이 읽기 능력에 문제가 있다는 사실을 발견했다. 안경을 써서 해결할 수 있는 문제가 아니었다. 문제는 카일의 시야가 너무 좁아서 한 번에 한 단어밖에는 초점을 맞출 수 없다는 점이었다. 카일은 지금 보고 있는 단어 바로 다음 단어가 무엇인지도 말하지 못했다. 당연히 책을 읽으면서도 더듬거렸다. 선생님들은 카일에게 눈 근육을 이완하는 법을 가르쳤다. 그런 노력의 결과 카일의 시야가 넓어져 한 번에 두세 단어를 읽을 수 있게 되고, 마침내는 몇 개 단어로 이루어진 구문까지 눈에 들어오게 되었다. 몇 개월 후 카일은 자연스럽고 자신감 있게 글을 읽을 수 있게 되었다.

학대의 희생자였던 카일은 초점이 극도로 좁아져 있었다. 이러한 증상은 카일이 태어났을 때부터 경험해 온 혼란스럽고 적대적인 가정 환경에서 비롯된 것이었다. 카일은 언제 어디서 자신에게 위협이 닥칠지 마음을 놓을 수가 없었다. 이런 불안한 상황에서 카일은 본능적으로 좁은 대상형 주의 상태가 돼 과잉 경계하는 반응을 보이게 되었다. 카일은 늘 주변에 위험 요소가 없는지 살폈고, 자신에게 어떤 공격이 가해질지 불안해하고 두려워했다.

시각은 동물의 생존에 필수적이다. 그런데 눈은 스트레스를 매우 잘 받는 기관이다. 만성적으로 스트레스를 받는 사람은 만성적으로 좁은 시야를 갖게 된다. 그것은 장기적으로 시력에도 좋지 않은 영향을 미친다. 우리의 시각 체계는 감정과도 밀접한 관련이 있다. 편안하게 엎드려 있던 사자가 가젤을 발견하자 반사적으로 사냥 준비를 하듯이, 인간도 각성도를 높이고 시야를 좁혀 외부의 문제와 (지각된) 위협에 반응한다.

카일의 경우는 극단적인 예이지만, 거의 모든 사람이 심리적 스트레스와 함께 지나치게 초점을 좁힌 결과로 만성적인 집중력 저하를 겪고 있다. 아직 세상을 잘 모르던 어린 시절부터 우리는 많은 스트레스를 받는다. 제대로 공부하지 못한 상태로 시험을 치르고, 학교 폭력배에게 위협을 당하기도 하고, 사실이건 아니건 부모님이 나를 사랑하지 않는다고 느낄 때도 있었다. 이것 말고도 초점을 좁히도록 우리를 길들이는 요인은 무척 많다.

만성적인 좁은 대상형 초점 상태는 행동의 연쇄 고리를 만들어낸다. 좁은 초점 상태는 두려운 상황을 더 두렵게 만든다. 상황이 바뀌어 더 이상 '위험하지 않더라도' 우리는 자신에게 남아 있는 두려움과 불안감을 피하기 위해 좁은 초점 상태에 계속 머물려고 한다. 이것은 중베타파에서 고베타파의 주파수 영역에서 일어나는 현상으로, 자신이 느끼는 불편한 감정이 의식 표면으로 올라오지 못하게 막기 위함이다.

이런 의미에서 초점을 좁히는 것은 일종의 회피 전략이라고 할 수 있다. 불안이 엄습하면 우리는 이를 느끼지 않기 위해 주의를 돌릴 거리를 무의식적으로 찾는다. 우리는 정서적 혼란과 불안, 불쾌감에서 도망치기 위해 재미있는 소설이나 빠른 템포의 텔레비전 쇼, 흥미진진한 비디오 게임에 주의를 고정시킨다. '저기 바깥에' 있는 무언가에 푹 빠져들수록 내 안의 불안을 외면하는 기술은 더 효과적으로 작동한다.

워싱턴대학교의 하버뷰 화상치료센터Harborview Burn Treatment Center는 우리가 주의를 다른 곳으로 돌리기 위해 초점을 좁히는 것이 얼마나 강력한 힘을 갖는지 연구했다. 중화상을 입은 환자들에게 오랫동안 붙여놓은 붕대를 떼는 건 무척 고통스러운 일이다. 모르핀조차도 극심한 통증을 조금 완화는 해줄지언정 완전히 없애지는 못한다. 화상치료센터 연구원들은 치료를 받고 있는 두 화상 환자를 대상으로 실험을 했다. 처음엔 두 환자가 붕대를 제거하는 동안 일반 비디오 게임을 하도록 했다. 그리고 다음에는 두 환자에게 고글(게임용 안경)을 쓰고 가상 세계 속을 돌아다니며 적군에게 눈덩이를 쏘는 게임을 하게 했다. 한 환자는 일반 비디오 게임을 하던 중에는 95퍼센트의 시간 동안 통증을 의식한 반면, 두 번째 가상 현실 게임에서는 오직 2퍼센트 시간 동안만 통증을 의식했다. 다른 환자 역시 처음 게임에서는 91퍼센트의 시간 동안 통증을 느끼던 것이 가상 현실 게임에서는 36퍼센트의 시간 동안만 통증을 느꼈다. 연구원의 말이다. "의식적인 주의는 스포트라이트와 같아요. 가상 현실에서 환자의 스포트라이트는 통증에서 가상 세계로 이동해요."[1]

사실 미처 깨닫지 못해도 우리는 자신의 신체적·감정적 고통을 처리하기 위해 주의를 사용한다. 주의를 통증 외의 다른 것으로 잘 돌릴수록 우리가 느끼는 통증이 줄어드는 것이다. 그런데 통증과 불안이 너무 심한 나머지 이런 주의 전환 전략이 통하지 않을 때가 있다. 앞서 이야기했던 나의 신장 결석 통증이 그랬다. 나는 통증을 잊으려고 엄지손가락을 뒤로 꺾기도 하고 몸을 꼬집기도 해보았지만 소용이 없었다. 만약 주의 전환 전략이 효과가 있다면 우리는 그 효과가 없어지거나 치러야 할 대가가 너무 커지기 전까지는 그것을 계속 사용하려 할 것이다. 더 이상 효과가 없어지면 우리는 더 강력한 주의 전환 전략을 찾아 나설 것이다. 그런데 이 전략을 남용하면 중독에 이르기 쉽다. 텔레비전, 음식, 섹스, 도박, 여행, 비디오 게임, 시끄러운 음악, 알코올, 마약, 특히 일에 대한 중독은 우리가 고통을 통제할 수 있도록, 혹은 고통을 느끼지 않도록 하는 전략적인 주의 전환 방법으로 이용된다.

심지어 잠에 들 때에도 우리는 이런 전략을 사용한다. 이완된 상태로 잠에 빠져들면 과거 사건의 감정적 여운이 의식 표면으로 떠오르기도 하는데, 이때 우리가 좁은 초점 상태로 다른 것에 주의를 기울이면 고통스러운 기억이 떠오르지 않기 때문이다. 내 환자들 중에는 라디오나 텔레비전을 시끄럽게 틀어놓지 않으면 잠들지 못하는 이들이 있다. 그들은 잠들 무렵 세타파 상태에서 떠오르는 기억들로부터 다른 데로 주의를 돌리기 위해 음악이나 토크쇼 같은 외부 자극이 필요한 것이다. 이렇게 고통스러운 느낌으로부터 다른 곳으로 마음을 돌리는 시도가 만성화되면, 긴장이 쌓이면서 피로와 번아웃, 그리고 결국에는 우울증으로 이어질 수 있다.

그런데 우리는 좁은 대상형 주의에 보상을 주는 문화에 살고 있다. 그리고 이 주의 방식이 우리에게 도움을 주는 경우도 많은 것이 사실이다. 좁은 대상형 주의를 활용해 좋은 성적을 받고, 자동차를 안전하게 운전하며, 사람들로부터 인정도 받는다. 좁은 대상형 주의는 할 것 많고 바쁜 세상에서 우리가 어떻게 하면 안전하고 생산적으로 일할 수 있는지 가르쳐준다. 그러나 만성적인 좁은 대상형 주의는 엄청난 에너지를 요구할 뿐더러, 내가 볼 때 그것은 진정한 자기를 찾는 데도 방해가 된다. 그런데도 우리는 대부분 만성적으로 좁은 초점을 유지하는 상태가 얼마나 큰 긴장을 일으키는지 자각하지 못하고 있다. 그것이 습관화된 상태인 것이다. 이 상태를 계속 유지하는 것은 우리를 완전히 지치게 만든다. 계속해서 주의를 기울이는 데 필요한 에너지를 얻기 위해 우리는 커피를 한 잔 더 마시기도 하고, 좁은 초점 상태의 긴장을 잠시나마 풀기 위해 담배를 피우거나 술을 마시기도 한다.

만성적인 좁은 대상형 주의는 궁극적으로 스트레스 해소를 방해한다. 비교적 걱정거리 없는 삶에서도 여러 가지 장애와 질병을 일으킬 정도의 스트레스가 쌓일 수 있다.(그러나 우리는 그런 문제가 스트레스 때문이라고는 미처 생각하지 못한다.) 스트레스 해소를 방해할 뿐 아니라 오히려 더 쌓이게 하는 좁은 대상형 주의는 장기적으로 볼 때 생산성을 떨어뜨리는 결과를 가져온다. 집중력 부족, 무기력감, 생산성 저하, 성욕 감퇴, 우울증 등으로 고생하는 사람들은 좁은 대상형 주의에서 빠져나올 때 증상이 호전되는 것을 경험할 수 있다.

좁은 대상형 초점 상태에 오랫동안 머물러 있으면 마음속의 두려움과 불안이 더 커지고 주변 세계에 대한 인식도 부정적으로 왜곡된다. 우리가 깨닫지 못하고 있지만, 좁은 대상형 초점 상태와 그로 인해 우리 내면에 쌓이는 스트레스는 우리를 감정적으로 무감각하게 만들어 자신의 감정을 알아차리지 못하게 만든다. 냄새와 맛, 즐거운 신체 감각, 그리고 기쁨과 슬픔 같은 깊은 느낌들을 풍부하게 경험할 수 없게 되는 것이다. 역설적이게도 그리고 비극적이게도, 우리는 좁은 대상형 초점 상태에 계속 머묾으로써 다른 사람들과—그리고 경험 자체와도—감정적으로 연결되고자 하지만, 이는 그런 종류의 연결을 맺는 데는 완전히 잘못된 방법인 셈이다.

이처럼 비상시에 주의를 기울이는 방식으로 사물이나 사람을 대상화할 때 그것은 상대를 공감할 수 없게 하고, 서로 분리되어 있다는 느낌을 갖게 하며, 자신이 한 경험으로부터도 거리를 두게 만든다. 사람들이 흔히 관계에서 소외감과 좌절감을 느끼는 이유도, 자신들의 경험이 깊지 않고 의미가 없다고 느끼는 이유도 여기에 있다. 그래서 사람들은 새로운 관계와 경험이라는 자극을 찾아 나선다. 그들에게 잘못된 점은 없지만 그들이 주의를 기울이는 경직된 방식에는 문제가 있다. 만족스러운 일체감은—사람들과의 일체감이든 내적 경험과의 일체감이든—우리의 주의가 유연해질 때 훨씬 수월하게 얻을 수 있다. 좁은 대상형 주의 방식이 편안하고 넓은, 그러면서도 대상과 합일하는 주의 방식으로 옮겨갈 때 만족스러운 일체감을 느낄 수 있다. 좁은 대상형 주의 방식으로 이미 사람들과 관계를 잘 맺고 있는 이들도 있겠지만, 이 책에 실린 오픈 포커스 훈련으로 유연하게 주의 기울이는 법을 배우면 그런 관계가 훨씬 더 나아질 것이다.

시각 공간에 대한
의식의 확장

주의를 기울이는 방식을 바꾸면 일상 생활의 많은 부분이 바뀔 수 있다는 사실을 알기 위해 다음 연습을 해보자. 이 페이지의 글을 읽어나가면서 당신의 눈과 책에 인쇄된 글자 사이에 있는 3차원의 빈 공간을 알아차려 보라. 글을 읽어나가면서 그 알아차림이 자연스럽게 확장되도록 해보라. 우리는 단지 대상(여기 서는 책에 씌어 있는 글자—옮긴이)만 감지하고 나머지(여기서는 책과 눈 사이의 공간, 책의 가장자리, 책상 등 책 속의 글자를 제외한 나머지—옮긴이)는 모두 감각에서 제외하는 데 익숙해 있기 때문에, 책과 나 사이의 물리적 공간을 시각적으로 알아차리기가 쉽지 않을 것이다. 일단 이 공간을 알아차렸다면 그 알아차림을 부드럽게 유지하며 잠시 가만히 머물러보라.

이제 책에서 눈을 떼지 않은 채로 페이지의 오른쪽과 왼쪽 공간도 감지해 본다. 주변 시야가 자연스럽게 확장되도록 해, 천천히 페이지 왼쪽과 오른쪽 공간을 알아차려 나아가는 것이다. 여기까지 알아차렸다면 그 느낌 속에 잠시 머물러본다.

이제 배경으로 인식했던 것들이 전면前面으로 드러나게 할 차례이다. 즉 지금 읽고 있는 글자와 함께 책 속의 다른 글자들, 해당 페이지 전체, 책의 가장자리, 책상, 책 너머의 벽면까지 동시에 전면에 드러나도록 하는 것이다. 억지로 하지 말고 자연스럽고 부드럽게 한다. 처음에는 다소 어려울 수 있다. 그러나 조금만 연습하면 누구나 할 수 있다. 몇 초간 이 알아차림을 부드럽게 유지하면서, 시각의 배경과 전경前景이 똑같이 중요하고 흥미로운 것이 되도록 한다.

이제 계속 읽어나가면서 자신의 온몸을 감싸고 있는 공간을 알아차려 본다. 조급해하지 말고 천천히, 2차원에 머물러 있던 시각이 열리고 넓어져서 3차원으로 확장되는 것을 느껴본다. 이제 책을 계속 읽어나가면서 읽고 있는 행과 행 사이의 공간을 알아차려 본다. 또 단어와 단어 사이, 글자 한 자 한 자 사이의 공간도 알아차려 본다. 이런 식으로 단어 하나, 글자 하나까지 알아차리다 보면 시각 공간에 대한 알아차림이 계속해서 자연스럽게 확장되는 것을 느낄 수 있다.

이런 식으로 3차원의 빈 공간까지 시각적으로 알아차리게 될 때 주의를 기울이는 방식에 변화가 일어난다. 자신의 알아차림이 빈 공간을 감각하는 데까지 확대되는 것을 느낄 수 있는가? 다시 말해 그 '비어 있음'(不在)을 느낄 수 있는가? 그것을 맛보고 냄새 맡을 수 있는가? 고요의 소리를 들을 수 있는가? 떠오르는 이미지와 마음속 지껄

임의 배경이 되는 마음속의 공간과 고요를 경험할 수 있는가? 지금 여기의 무한함을 느낄 수 있는가?

알아차림, 즉 자각이 열리고 확장되면서 책을 읽는 경험 자체가 미묘하게 변화한다는 걸 알 수 있을 것이다. 이제 읽고 있는 내용에 대한 이해가 더 확고해지고 더 풍부해지며 내용에 더 몰입하게 되었을 것이다. 책을 읽는 것이 더 수월해졌을 수도 있다. 읽고 있는 내용과 무관한 생각이 마음에 떠오르더라도 거기에 꺼둘리지 않게 되었을 것이다. 또 책을 읽고 있는 눈도 훨씬 덜 피곤하고, 책을 들고 있는 손도 훨씬 편안해졌을 것이다. 호흡도 더 자연스러워졌을 것이다. 어쩌면 얼굴과 목의 근육이 조금 풀어지는 것을 느꼈을지도 모른다. 의자에 앉은 자세도 더 편안해졌다. 자신이 더 온전해지고 자신의 경험과 하나가 되었다고 느낄 수도 있다. 좁은 초점 상태에서 계속 억눌렀던 불쾌한 감정들이 올라오는 것을 느낄지도 모른다. 이 불쾌한 감정을 해소하는 법은 뒤에서 설명할 것이다.

자, 이 책 읽기 연습을 통해 약간의 변화라도 경험할 수 있었는가? 그랬다면 당신은 '오픈 포커스'의 맛을 어느 정도 경험하기 시작한 것이다. 처음에는 다소 어색하고 불편하게 느껴질 수 있다. 그것은 우리가 지금까지 책을 읽을 때나 여타 다른 활동을 할 때 좁게 힘들여서 주의를 기울이는 법만 배워왔기 때문이다. 좁은 대상형 주의는 우리가 읽고 있는 내용을 이해하고 분석하고 그에 대해 뭔가 조치를 취하는 데는 유용하다. 그러나 그런 식의 주의 방식에 너무 길들여져 있어 이에 따르는 정신적·신체적 스트레스를 자각하지 못하는 경우가 많다. 책을 읽을 때 우리 눈은 단어를 '붙잡고', 우리 마음은 그 내용을 꽉 '붙들고' 있다. 또 우리 손가락은 말 그대로 책을 '쥐고' 있다. 그런데 사실 책을 읽는 데 이만큼의 힘이 필요한 것은 아니다. 오픈 포커스는 지나치게 들어가 있는 힘을 빼주고 꼭 필요한 만큼의 노력만 기울일 수 있게 해준다. 다시 말해 정확한 양만큼의 주의를, 이완된 상태로, 그렇지만 여전히 대상에 대한 호기심을 잃지 않은 채로 기울이게 하는 것이다. 이는 넓은 합일형diffuse immersed 주의로 빈 공간을 인식하면서 그와 동시에 좁은 대상형 주의를 가볍게 취하고 있는 상태라고 할 수 있다. 이때 긴장과 스트레스는 흩어져 사라진다.

이 연습은 지하철을 타거나 전화 통화를 하거나 요리를 하거나 컴퓨터 작업을 하는 중에도 언제든 할 수 있다. 하던 일을 잠시 멈추고 주변의 공간을, 또 자신과 주의를 기울이고 있는 대상 사이의 공간을 알아차려 보라. 이것은 오픈 포커스를 일상 생활에 적용하는 하나의 방법이 될 수 있다.

CHAPTER 2

내려놓음의
행복

The Open-Focus BRAIN

내려놓음의 행복

"선禪을 공부하는 한 제자가 스승 잇큐 一休(15세기 일본의 선승)에게 최고의 지혜를 알려달라고 청했다. 스승은 제자의 거창한 질문에 모래 위에 이렇게 썼다. '주의를 기울여라.' 이 대답에 만족하지 못한 제자는 더 자세히 이야기해 달라고 청했다. 그러자 잇큐는 다시 모래에 이렇게 썼다. '주의, 주의, 주의를 기울여라.'"

내가 '주의'에 대해 관심을 갖기 시작한 것은 1960년대 후반 뉴욕주립대학교 스토니브룩 캠퍼스에서 조교수로 있을 때였다. 나의 초기 연구는 사람들의 이완이나 기분 향상을 돕는 일과는 전혀 관련이 없었다. UCLA를 졸업한 나는 짧은꼬리원숭이의 시지각視知覺을 연구하던 중 뇌가 스스로와 의사소통하는 기본 원리가 바로 뇌파 동조라는 사실을 알게 되었다. 동조同調(synchrony)란 뇌의 전기 활동, 즉 뇌파가 뇌의 하나 이상의 부위에서 동시에 발생하는 상태를 말한다.(동조는 동기화同期化라고도 하며, 주기성을 갖는 두 가지 이상의 현상이 주기가 비슷하게 되는 것을 말한다. 뇌파가 동조되어 일관성을 띨 때 신경 체계도 질서가 잡힌다―옮긴이)[1] 뇌파 활동이 동조 상태에 더 쉽게 들어가고 나오게 될수록 뇌는 주어진 과업을 더 잘 수행할 수 있다. 이것은 그 주파수가 어느 수준에 있든 상관없이 관찰되는 현상이다. 하루 중 우리의 뇌는 자연스럽게 동조 상태에 들어가고 나오는데, 이 동조 상태를 우리 스스로 조절하도록 훈련하는 일도 가능하다.

뉴욕주립대에 있으면서 나는 뇌파 동조 현상이 인간의 신경계에서 어떤 역할을 하는지 알고 싶었다. 나는 신경계의 동조 현상이 정보 처리와 지각의 정확성과 명확도, 속도와 범위를 향상시킬 수 있지 않을까 생각했다. 동조 현상은 뇌가 이완된 상태로 깨어 있을 때 가장 두드러지게 나타나므로, 나는 실험 참가자들이 뇌파 동조를 스스로 증가시킬 수 있는 방법을 찾을 필요가 있었다. 나는 초기 연구에서 사람이 피드백을 통해 자기 뇌의 전기 활동을 통제할 수 있다는 사실을 증명해 보였다. 그러나 나 자신에게 실험을 해보던 중 나는 내가 동조 연구보다 더 중요한 무언가를 발견했다는 사실을 깨달았다.

1967년만 해도 뇌파 바이오피드백 장비가 시판되지 않았던 터라 나는 스스로 장비를 설계하고 만들었다. 나는 방음 장치가 된 방에서 편안한 의자에 바르게 앉은 다음 뒤통수점(뒤통수의 튀어나온 부분) 바로 위쪽에 뇌파 기록 장치와 오실로스코프(입력 전압의 변화를 화면에 출력하는 장치―옮긴이)가 연결된 센서를 붙였다. 이후 나는 4주에 걸쳐 한 번에 두 시간씩 12차례의 세션을 진행해, 상상할 수 있는 모든 방법으로 알파파(8~12Hz)를 만들어내고자 고군분투했다. 눈을 감고도 해보고, 뜨고도 해보았다. 음이온과 향, 음악, 여러 색깔의 조명으로 방을 채우기도 했다. 그러나 어떤 방법도 알파파를 제대로 만들어내지 못했다. 마침내 13번째 세션에서 나는 완전히 실망하고 포기한 상태에서, 필요에 따라 알파파를 기준치 이상으로 만들어내는 건 도저히 불가능하다는 사실을 받아들이기로 했다. 그런데 나의 실패를 깊이 받아들인 바로 그 순간, 나의 뇌파는 높은 진폭의 알파파를 기록했다. 뇌파의 진폭과 양이 이전보다 5배나 크고 많았다. 나는 리듬을 탔다! 믿을 수 없었다. 지금까지 너무 '열심히' 힘을 썼던 나는 이 사실을 몰랐던 것이다. 노력을 내려놓음으로써, 내가 그렇게 찾았던 알파파 상태 ─ 깨어 있으면서 이완된 상태 ─ 로 들어갈 수 있다는 사실을 말이다.

실험이 계속되면서 나는 알파파의 지속 시간과 진폭, 강도를 증가시킬 수 있다는 사실도 알게 되었다. 그리고 알파파 상태에서 몇 시간을 보낸 뒤에는 흥미롭고 놀라운 변화들이 일어나기 시작했다. 근육 상태도 부드러워져 힘들이지 않고 유연하게 몸을 움직일 수 있었다. 걸을 때는 마치 미끄러지듯 걷는 것 같았다. 불안도 감쪽같이 사라졌다. 나는 놀랍도록 현재에 집중하면서, 중심이 잡히고, 침착하고, 가볍고, 자유롭고, 열린 상태에 있었다. 더 차분하면서도 활기차고 더 자발적이 되었다. 웃음도 더 많아졌다. 나를 힘들게 하던 일들도 더 이상 그렇게 힘들게 느껴지지 않았다. 관절의 통증도 줄어들었다. 감각 능력도 향상되었는데, 특히 시각과 청각이 가장 많이 좋아졌다. 사물의 색깔이 더 생생하게 보였다. 복도에서 곁을 지나쳐 간 사람의 미세한 향수 냄새를 한참 뒤까지 맡을 수 있었다. 전에는 듣지 못하던 소리도 알아차렸고, 소리가 일어나는 배경인 고요도 더 잘 알아차렸다. 강박적인 성향도 많이 누그러졌고, 복잡한 대학원 수업도 아주 쉽게 가르칠 수 있었다. 나의 이런 변화를 알아본 친구와 가족도 긍정적으로 반응했다. 나는 '큰 그림'을 더 잘 볼 수 있었다. 그러면서도 내가 가진 능력을 유감없이 발휘할 수 있었다. 실제로 강의와 연구라는, 내가 해오던 일들이 예전보다 더 쉽고 분명하게 다가왔다.

나는 최적의 상태에 있었다. 오랫동안 밖으로 나돌다 집에 돌아온 것 같은 편안한 느낌, 진정한 나를 찾은 느낌이었다. 그 느낌은 몇 달 동안 지속되었다. 그리고 연습을 할수록 그 느낌은 새로워졌다. 바로 이것이야말로 우리가 삶을 제대로 사는 방식이라는 확신이 들었다.

이것은 진화의 관점에서도 아주 일리가 있다. 만성 우울증과 불안을 비롯한 여러 신체적·심리적 문제는 인간의 자연스러운 상태라고 할 수 없다. 그렇다고 무언가 근본적인 결함을 지닌 뇌가 만들어낸 결과도 아니다. 그것들은 일종의 '오작동'으로 인한 결과일 뿐이다. 알파파는 신비한 마법의 뇌파가 아니다. 단지 알파파 상태에 이르는 법을 우리가 모르기 때문에, 알파파 수준으로 진폭을 증가시키고 그 상태를 유지하는 법을 우리가 잊어버렸기 때문에 신비롭게 보이는 것일 뿐이다. 중추신경계 본연의 작동 방식을 회복해 알파파 같은 저주파로 동조된 뇌파를 다량으로 만들 수 있다면 우리가 하는 모든 일은 더 부드럽고 효율적으로 진행이 될 것이고, 문제가 발생하는 일도 별로 없을 것이다.

인간은 생존을 위해 비상 상황에 신속하고 민감하게 대응하도록 만들어져 있다. 그러나 그와 동시에 그 부담을 덜어줄 수 있는 복구와 회복의 메커니즘도 갖추고 있다. 바로 저주파로 동조된 뇌파를 만들어내는 것 말이다.

바이오피드백의 교훈

알파파의 힘을 처음 발견한 사람은 내가 아니다. 지금은 은퇴한 나의 친구이자 샌프란시스코 캘리포니아대학 랭글리 포터 정신의학연구소Langley Porter Psychiatric Institute의 심리학 교수를 지낸 조 카미야Joe Kamiya 박사의 업적이다. 1965년, 그는 사람들이 자기가 지금 어느 뇌파 주파수 영역에 있는지를 얼마나 인식할 수 있는지에 관해 연구하고 있었다. 카미야는 자원한 학생들을 각각 뇌파 장치에 연결시켰다. 먼저 한 학생을 암실에 눕게 한 다음 인터폰으로 대화하면서 그 학생의 뇌파 기록을 관찰했다. 카미야는 학생에게 눈을 감은 채로 일련의 신호음을 보낼 테니 들어보라고 부드럽게 말했다. 그러고는 신호음이 울릴 때마다 카미야가 뇌파 기록 장치에서 보고 있는 특정 뇌파를 학생 자신이 만들고 있다고 느끼는지 맞혀보게 했다. 신호음이 학생이 얻을 수 있는 모든 정보였다. 뇌파 기록을 살펴보는 카미야는 그것이 알파파인지 아닌지 알 수 있었지만 학생은 알 수 없었다. 학생이 알파파를 만들어내고 있다고 스스로 생각하면 '네'라고 했고, 카미야는 그 학생이 실제로 알파파 상태에 있으면 '맞다'고, 아니면 '틀렸다'고 대답해 주었다.

첫 세션에서 학생은 곧바로 답을 하지 못했다. 그러나 세 번째, 네 번째 세션에 이르자 학생은 자신이 알파파 상태에 있는 경우를 쉽게 알아맞혔다. 네 번째 세션까지 학생은 자신의 뇌 상태를 400번이나 연속으로 정확하게 맞혔다. '네' 대답이 너무 많아지자 자신이 속임을 당하고 있다고 생각한 학생이 일부러 틀린 답을 내놓은 다음에야 실험은 종료되었다. 카미야는 그 학생이 자신의 뇌파 주파수를 그토록 정확히 맞혔다는 사실에 무척 놀랐다.

카미야는 그 학생이 알파파를 의도적으로 만들어낼 수 있는지 알고 싶었다. 학생에게 "벨이 한 번 울리면 알파파 상태로 들어가고, 벨이 두 번 울릴 땐 알파파 상태로 들어가지 마세요"라고 말했다. 학생은 카미야가 지시한 대로 정확하게 조절할 수 있었다. 이후 몇 개월에 걸친 실험에서 그 학생을 포함해 다른 학생들도 자신의 뇌파에 대해 능숙한 통제력을 보여주었다.

그러나 대중의 호기심을 사로잡은 것은 우리가 뇌파를 통제할 수 있다는 사실이 아니었다. 그보다는 실험 참가자들이 몇 시간에 걸쳐 알파파를 만든 뒤 경험한 이로운 영향에 더 관심이 있었다. 실험 참가자들은 상쾌하고 맑고 편안해지는 기분을 느꼈고, 전에는 한 번도 경험해 보지 못한 방식으로 중심이 잡히는 느낌이 들었다. 주변 사물의 색감은 더 풍부해지고 세상은 훨씬 새롭게 보였다. 우울한 기분이나 불안감도 크게 줄었다. 그것은 카미야에게 '유레카'의 순간이었다. 1968년, 카미야는 그 실험에 관해 학술지《사이콜로지 투데이 *Psychology Today*》에 이렇게 썼다. "신경안정제를 다량 삼키지 않고도 우리가 연구에서 사용한 훈련법으로 안정된 상태를 반복적으로 만들 수 있다."

카미야의 논문이 발표된 뒤 뇌파 바이오피드백에 대해 엄청난 관심이 일었다. 많은 사람들이 이 뇌파 바이오피드백이 사회를 변화시킬 깨달음에 이르는 지름길이라고 말했다. 어떤 연구자들은 자기만의 바이오피드백 기술을 개발했고, 제조업자들은 각종 뇌파 장치를 시장에 쏟아냈다.(그중 상당수가 엉터리였다.) 하지만 당시의 유행은 과학적 연구 성과를 지나치게 앞질러 간 것으로, 연구자와 제조사의 주장은 대부분 지나치게 과장된 것이었다. 한편 이런 주장을 반박하고 싶었던 다른 연구자들은 잘못된 연구 방법을 사용하기도 했고 알파파 훈련의 이점을 아무런 근거 없이 고의적으로 무시하기도 했다. 그러나 알파파 생성으로 인해 사람들이 보인 반응은 매우 실제적인 것으로, 이후 여러 차례에 걸친 연구들이 그 사실을 입증해 보였다.[2]

하지만 불행히도 이후 과장된 주장들이 너무 많았던지 이 후기의 연구들은 대개 무시되고 말았다.

카미야의 학생들이 보여준 초월적인 경험은 나의 경험과 정확히 일치했다. 그런데 내가 관찰한 것은 그것 말고도 한 가지가 더 있었다. 나는 카미야의 학생들이 경험한 감각들 외에도 뇌파 훈련으로 나의 주의가 확장되는 것을 느꼈다. 나는 주변 세상을 지금까지와는 매우 다른 방식으로 바라보고 있었다. 나는 더 이상 어떤 한 가지 요소에 집중하지 않았으며, 그러면서도 훨씬 수월하게 전체상을 지각하고 있었다.

나는 뇌가 발생시키는 전기 신호의 존재를 발견한 한스 베르거Hans Berger의 글을 다시 읽어보았다. 베르거는 1930년대에 이미 알파파가 이완된 주의 상태와 관련 있다는 사실을 학계에 보고한 바 있었다. 그런데 그것은 단지 시각적인 것만은 아니었다. 내가 있는 방에 대한 나의 인식과 느낌, 감각은 이전보다 훨씬 확장되었다. 나는 그렇게 오픈 포커스 주의를 처음으로 경험했다.

그때 나는 두 가지 중요한 사실을 발견했다. 첫째, 알파파를 만들면 주의가 좁은 시야에서 넓은 시야로 전환되면서 알아차림의 폭이 넓어질 수 있다는 것, 둘째, 실험 참가자들이 눈을 감은 상태에서 바이오피드백을 할 때만이 아니라 눈을 뜬 상태에서 주의를 기울이는 방식을 변화시킬 때에도 몸이 이완되면서 다량의 알파파가 만들어질 수 있다는 것이었다. 주의를 기울이는 방식이 바뀌면 그 변화가 뇌전도 상에 나타났다. 실제로 실험 참가자들이 오픈 포커스 방식으로 주의를 기울이자 알파파가 생성되었을 뿐 아니라 이른바 위상 동조phase-synchronous 알파파라는 특수한 파형이 만들어졌다.

'위상 동조'란 뇌의 여러 부위에서 알파파를 생성할 뿐 아니라 그 파동들이 동시에 상승 및 하강하는 현상을 말한다. 이것은 많은 수의 뇌세포가 함께 작동하고 있다는 뜻으로, 매우 강력한 시너지 효과를 내는 대뇌피질 활동이 존재한다는 의미이다. 비유적으로 말하면 이런 것이다. 학교 강당을 가득 메운 고등학생들이 제멋대로 잡담하며 떠들어대는 상황이 높은 주파수의 비非동조 베타파 상태라면, 열린 주의 방식으로 뇌 전체에서 동시 발생하는 일정한 형태의 낮은 주파수는 학생들이 한 목소리로 합창을 하는 장면과 비슷하다고 할 수 있다.[3]

레이저 광선은 오직 빛으로만 되어 있음에도 물건을 절단할 수 있을 만큼 강력한데, 그것은 레이저 빛의 파장들이 동일한 위상을 갖기 때문이다. 스탠포드대학교 공학부 명예교수 윌리엄 틸러William Tiller 박사는 이렇게 말한다. "우리가 만약 60와트짜리 전구에서 초당 방출되는 광자光子를 모아 위상 동조 상태로 만들 수 있다면, 전구 표면의 에너지 밀도는 태양 표면의 에너지 밀도보다 수천 배에서 수백만 배 더 높을 것이다."[4] 함께 행진을 하는 병사들도 위상 동조 상태에 있다고 할 수 있다. 이런 현상은 병사들이 다리를 건널 때 일제히 발을 맞춰 건너면 다리가 무너질 정도로 매우 강력한 힘을 갖는다. 물론 이러한 현상처럼 드라마틱하게 드러나 보이는 것은 아니지만, 위상 동조 알파파를 만드는 법을 익혀두면 이는 강력한 스트레스 해소법이 될 수 있다.

위상 동조 알파파의 엄청난 잠재력을 깨닫고 난 뒤, 내 연구의 중심은 사람들이 위상 동조 알파파를 되도록이면 쉽고 빠르게 생성하는 방법을 찾는 것이었다. 나는 2시간짜리 세션을 12회 거친 뒤 13번째 세션에서야 비로소 알파파의 진폭과 지속 시간을 늘릴 수 있었다. 그러나 시간이 너무 오래 걸렸다. 사람들은 알파파의 방출을 경험하기도 전에 포기하고 말 터였다. 더군다나 이것은 말로 방법을 설명한다고 익힐 수 있는 것이 아니다. 이것을 효과적으로 배울 수 있는 유일한 방법은 오직 경험뿐이다.

무無에 관하여

———

"무無보다 실재적인 것은 아무것도 없다."

—사무엘 베케트Samuel Beckett

1971년, 나는 지름길을 발견했다. 연구 실험에 자원한 학생들에게 여러 이완 기법을 해보게 한 다음 어떤 것이 뇌전도 상에서 위상 동조 알파파를 가장 많이 만들어내는지를 알아본 것이다. 어떤 학생에게는 평화로운 장면과 장소를 상상하도록 했고, 어떤 학생에게는 자신이 좋아하는 음악을 듣게 했다. 또 어떤 학생은 향기로운 냄새나 음이온, 색깔 있는 빛에 노출시켰다. 그러나 이런 것들은 알파파 증가 효과가 있더라도 대개 아주 미미했다.

어느 날 나는 20항목짜리 표준 이완 질문지를 사용해 봤다. 장미 꽃잎의 이슬방울이나 폭포수를 상상하도록 하는 처음 몇 가지 질문에서 학생들의 뇌파는 거의 변화를 보이지 않았다. 그때 내가 물었다. "두 눈 사이의 공간을 상상해 볼 수 있겠어요?" 그 순간 큰 변화가 나타났다. 뇌파 기록 장치의 펜이 큰 진폭의 대칭형 알파파를 그리기 시작한 것이다. 이어지는 질문은 "두 귀 사이의 공간을 상상할 수 있습니까?"였다. 그러자 이번에도 진폭이 큰 알파파가 즉각적으로 나타났다.

이처럼 '공간'에 관련된 질문을 던졌을 때 실험 참가자들은 거의 변함없이 뇌의 알파파 동조가 눈에 띄게 증가하는 모습을 보였다. 뇌전도 상에서 이 질문들만큼 큰 변화를 보여주는 질문이나 이미지는 없었다. '대상 없는 이미지' ― 공간, 무無, 부재不在 등에 대한 다중 감각적 경험과 인식 ― 는 거의 언제나 위상 동조 알파파의 진폭과 지속 시간을 크게 증가시켰다.

'무無'는 단지 아무것도 없는 상태가 아니다. 사실 그것은 아주 강력하고 뛰어난 치료제이며, 신경계의 건강과 안녕에 필수적인 요소이다. 공간은 우리가 주의를 기울이는 여타의 것들과는 다른 독특한 성질이 있다. 공간, 고요, 영원 같은 것들은 우리가 별도의 분리된 어떤 것으로 경험하거나 이해할 수 있는 성질의 것이 아니기 때문이다. 공간은 우리의 모든 감각을 통해 우리의 주의가 통과하고 스며들게 한다. 공간을 보고, 듣고, 맛보고, 느끼고, 냄새 맡고, 생각하며, 그 속에 머무는 것은―그러면서 동시에 영원성을 경험하는 것은―쥐고 있던 것을 내려놓는, 내가 아는 가장 강력한 방법이다.

뇌파 활동을 관찰한 것뿐인데도 나는 공간을 알아차리는 것이 중추신경계에 강력한 영향을 미친다는 사실을 알게 되었다. 나중에 알고 보니 이미 여러 전통들에서 공간과 무를 알아차리는 것이 중요하다는 사실을 이야기하고 있었다. 나는 공간과 무를 알아차리는 것을 명상의 목적으로 삼는 사례들을 많이 볼 수 있었다. 동양의 한 신비가는 설령 수많은 사람들에 둘러싸여 있을 때조차도 자신이 마치 수만 킬로미터 펼쳐진 벌판에 홀로 있는 듯한 마음 상태에 이르는 것이 중요하다고 말했다. 일본인들은 대상 자체만이 아니라 대상들 사이의 공간을 보는 능력을 뜻하는 '사이ょ'(間)의 세계관을 갖고 있다. 또 다른 전통에서는 만다라를 가지고 신성한 상징의 선線들 사이의 공간에 집중하는 명상을 한다. 이런 기법들은 확실히 대뇌피질의 리듬을 느리게 해 중추신경계가 이완되도록 돕는 것들로, 더 연구하고 조사할 가치가 있는 주제이다.

실제로 이후 몇몇 연구자들이 수행한 연구에 의하면 위상 동조 알파파는 명상을 오래 한 사람들이 보이는 주요한 특징으로 나타났다.[5] 내가 한 작업은 동양의 영적 훈련에 상응하는 것을 서양에서 발견해 심리학과 생리학의 언어로 풀어낸 셈이었다.

나는 공간을 지속적으로 알아차리는 것이 오픈 포커스 주의의 핵심이라는 점에 착안해, 사람들이 여러 가지 비非대상 심상화 훈련을 할 수 있도록 연습법들을 녹음해서 들려줬다. 먼저 신체 각 부위의 주변과 그 부위들 사이의 빈 공간을 상상해 보게 했다. 그런 다음 신체 각 부위를 지나 모든 방향으로 주의를 무한히 확장시키도록 했다. 가령 눈과 목, 머리, 손의 안쪽 공간과 주변 공간을 상상하도록 한 다음(각 신체 부위를 내려놓는 작업이다), 궁극적으로는 모든 방향으로 무한히 뻗어가는 공간을 상상해 보도록 하는 것이다. 사람들이 그 부위로 주의를 기울이고 공간을 느낀다고 상상하자 뇌 전체가 위상 동조 알파파 상태로 금방 바뀌었다. 자신의 뇌파 상태를 볼 수 있는 장치에 연결시키자 실험 참가자들은 매우 빨리 변화하는 법을 익혔다. 어떤 참가자는 30분짜리 세션 단 한 차례만으로 기분이 나아지고 긴장과 불안이 사라지는 변화—이것은 널리 알려진 알파파의 효과이다—를 경험했다.[6] 장기적으로는 기억력과 사고력, 창의력이 향상되었다.[7]

공간, 고요, 영원을 상상하는 것이 뇌에 즉각적이고 강력한 효과를 미치는 생리적 메커니즘이 궁금했다. 뇌가 주변 공간을 해석할 때 크게 활성화되는 것도 그 메커니즘의 일부일 것이다. 감각 대상—물리적인 것이든 혹은 상상의 것이든—을 처리할 때 뇌는 그 처리 과정을 가능하게 하기 위해 고주파의 비동조 베타파 활동을 이용한다. 이때 전기 신호가 시속 160킬로미터가 넘는 속도로 뇌의 여러 부위에서 발생한다. 예를 들어 프린스턴대학교에서 실시한 원숭이 연구에 따르면 동물이 눈으로 어떤 대상의 위치를 인식할 때, 시각 중추가 활성화될 뿐 아니라 뇌의 다른 부위의 활동도 활발해진다고 한다. 동물이 보고 듣고 느끼는 것에 따라 근육 활동을 조절하는 복부 전운동 피질에서 뉴런이 빠르게 발화하는데 이러한 발화는 대상이 사라진 뒤에도 한참 동안 계속된다. 실제로 우리가 어떤 대상과 행동을 '상상'하는 것만으로도 감각 지각과 자발적 활동을 담당하는 뇌 부위가 활성화된다. 예를 들어 운동 선수들은 자신이 경기하는 모습을 상상하는 것만으로 실제 시합할 때와 동일한 뇌 부위가 활성화된다는 사실이 뇌파 연구를 통해 확인되었다.

그러나 공간을 상상하거나 거기에 주의를 기울일 때는 우리가 붙잡거나 대상화하거나 포착할 수 있는 것이 아무것도 없고, 과거 사건에 대한 기억도 할 수 없으며 앞으로 일어날 일에 대한 예측도 할 수가 없다. 이때는 뇌가 휴가를 떠난 상태라고 할 수 있다. 이것이 대뇌피질의 리듬이 단시간에 알파파로, 다음에는 세타파로 바뀌는 이유이다. 또한 조금 전까지만 해도 빠른 속도로 질주하던 뇌가 스트레스를 줄여주는 뇌로 바뀌면서 마음이 차분해지는 이유이기도 하다. 공간을 상상하고 공간의 존재를 인식할 때 스트레스에 짓눌려 있던 신경 네트워크가 리셋되면서 본래의 쉽고 유연한 처리 과정을 회복하는 것으로 보인다. 그리고 이 '휴가'를 보내고 나면 뇌의 전반적인 수행 능력이 향상된다.

공간을 상상하는 것은 주의를 기울이는 뇌의 메커니즘을 느슨하게 풀어주는 동시에 주의의 범위를 급속하게 넓혀준다. 공간에 대한 상상은 시각에 가장 두드러진 영향을 미치지만 그 외 다른 감각들도 열어준다. 실제로 눈을 감는 것만으로 시각 시스템뿐 아니라 뇌 전체에서 알파파 동조 현상이 크게 증가하는 모습이 나타난다. 이것은 뇌파 동조가 주의 방식과 마찬가지로 일반적이고 근본적인 역할을 한다는 사실을 암시한다.

내 경험으로 볼 때, 공간이나 고요, 영원과 같은 무형의 이미지를 상상하는 것은 오픈 포커스로 들어가는 가장 빠른 방법이다. 또 공간을 알아차리는 것은 사람들에게 지금까지와 다른 주의 방식을 접하고 그것을 지속하도록 가르치는 강력한 도구이다. 우리는 이 같은 공간에 대한 자각을 일상 생활에도 적용할 수 있다. 이러한 열린 주의 방식으로 스트레스에 주의를 기울일 때 스트레스는 쌓이거나 고이지 않는다. 열린 주의 방식은 스트레스를 경험하는 즉시 유쾌하게 해소되도록 놔준다. 주변 사물을 알아차릴 뿐 아니라 공간과 고요, 영원성을 인식할 수 있을 때 우리는 스트레스가 훨씬 줄어든 삶을 살수 있다.

유연한 주의 방식을 완전히 습득하면 우리는 지금까지와 다른 뇌 활동 형태로 더 쉽게 전환할 수 있다. 그때는 사냥을 마친 사자가 그렇듯이 더 이상 비상시 기능이 필요하지 않게 된다. 오직 한 마리의 먹잇감 대상, 즉 가젤 무리 중 한 마리에만 집중하던 사자는 그 한 마리에 좁은 대상형 주의를 기울였다. 사냥을 하는 동안 목표물이 된 가젤은 사자의 의식의 전경이 되는 반면 다른 가젤들은—심지어 물리적으로 더 가까운 거리에 있는 가젤이라도—모두 사자의 의식 주변으로 밀려났다. 그리고 목표로 삼은 가젤을 잡고 나면 좁은 초점은 이제 그 역할을 마치게 된다. 가젤에 몰래 접근해서 가젤을 추격하고 쓰러뜨리기까지 아드레날린의 급격한 분비를 유도하고 근육에 더 많은 혈액을 흘려보내며 심박수를 높이는 등의 역할이 이제 끝난 것이다.

추격이 끝나면 사자는 좁은 초점 상태에서 나와 더 이상 대상과 배경의 구별이 분명하지 않은 넓은 주의 상태로 돌아온다. 남아 있는 가젤 무리를 보는 사자는 이제 그들 '모두를' 보며, 이들 가젤 무리를 풍경 속의 다른 요소들과 똑같이 본다. 사자의 주의가 비상시 기능에서 평소 상태로 돌아온 것이다. 교감신경계가 고요해지고 부교감신경계가 다시 활성화된다. 이제 사자는 다중 감각적인 알아차림 상태로 옮겨간다. 등 위로 쏟아지는 따뜻한 햇살을 다시 느끼고, 주변의 향기와 소리도 다시 알아차린다. 근육은 이완되고, 호르몬의 흐름은 정상으로 돌아오며, 혈액의 흐름도 다시 조정된다. 신체가 평소 상태로 돌아오는 것이다.

주의를 기울이는 방식의 변화와 그에 따른 뇌 전체의 알파파 동조, 그리고 그것과 함께 일어나는 생리적·정신적 회복은 지난 30년 동안 내가 내담자들에게 적용해 온 임상적 접근법의 토대이다.

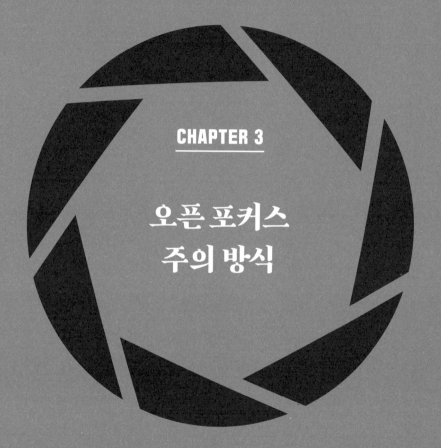

CHAPTER 3

오픈 포커스
주의 방식

The Open-Focus BRAIN

3

오픈 포커스 주의 방식

짙은 금발에 작고 매력적이며 혈기 넘치는 파울라는 유명 메디컬센터의 심장 병동에서 24시간 교대제로 일하는 수간호사이다. 심장병 환자를 돌보는 일은 환자의 생사가 달린 만큼 매우 고된 일이다. 게다가 원래 혈기 넘치는 성격인지라 파울라는 스트레스가 더 심했다. 일에 지친 그녀는 결국 프린스턴 바이오피드백 센터를 찾았다.

그녀는 의자에 털썩 앉아 얼핏 보기에 서로 관련이 없는 증상들을 호소하기 시작했다. 갑자기 불안이 엄습하는가 하면, 심한 두통이 자주 생기고, 위장은 늘 쓰렸으며, 자궁내막증과 경미한 우울 증상, 게다가 불면증까지 있다고 했다. 병원에서 의사가 여러 가지 약을 처방해 주었지만 그녀는 약으로 자신의 증상을 덮어버리는 게 썩 내키지 않았다. 그리고 장기간의 약 복용으로 인한 부작용도 걱정되었다. 파울라는 자신이 가장 불편하게 여기는 불안증을 무엇보다 먼저 치료하고 싶어 했다.

우리는 파울라에게 대화 요법talk therapy (프로이트의 정신분석학 전통에서 비롯된 심리 치료법. 대화 요법에 대해서는 이 책 10장에서 좀 더 자세히 언급된다—옮긴이)도, 약도 처방하지 않았다. 그 대신 그녀는 이후 몇 주에 걸쳐 일주일에 두 번씩 중요한 것 하나를 배워나갔다. 바로 주의를 기울이는 방식을 바꾸는 법을 배운 것이다. 우리는 파울라에게 25분에서 45분 동안 눈을 감은 채로 녹음된 오픈 포커스 유도문을 들으며 다양한 공간들, 즉 자신의 몸 주위 공간이나 몸속의 공간, 또 몸을 통과해서 모든 방향으로 확장되는 공간을 상상해 보게 했다.

이 연습과 함께 파울라는 뇌전도 상의 뇌 활동이 임계점 이상의 동조 수준에 이르면 뉴로피드백 장치를 통해 소리와 빛으로 신호를 받았다. 이때가 오로지 한 대상에만 집중하는 좁은 대상형 주의 상태에서 나와 넓게 확산된, 그러면서도 관심을 유지하는 포괄적인 주의 방식으로 옮겨간 때였다. 그 상태를 기억하며 파울라는 이제 클리닉 바깥에서도 좁은 초점의 대상형 주의로 주변 세계를 '붙들지' 않고 주의의 범위를 더 넓힐 줄 알게 되었다. 좁은 대상형 주의에서 더 넓고 포괄적이며 더 합일적인 주의 방식으로 옮겨간 것이다.

우리는 파울라의 불안증을 치료할 수 있었다. 그러나 우리가 얻은 것은 그 이상이었다. 치료가 진행되면서 서로 관련이 없다고 여겼던 그녀의 여러 증상들이 실은 별개의 증상이 아니라는 사실을 깨닫게 된 것이다. 그 증상들은 한 가지 공통된 원인을 갖고 있었다. 바로 만성적인 좁은 대상형 초점 상태에서 지속적으로 쌓인 스트레스가 그 원인이었다.

좁은 대상형 초점 상태에서 벗어나는 이 간단한 행위는 마치 오랫동안 움켜쥐고 있던 주먹을 펴는 것과 비슷하다. 이후 수주에 걸쳐 주의 방식을 바꿔나가자 그녀에게 연쇄적인 변화가 일어나기 시작했다. 가끔씩 엄청나게 빠른 속도로 속닥이던 내면의 지껄임, 즉 '전략적 사고strategic mind'의 움직임이 현저히 느려지는 걸 알게 되었다. 자신도 모르게 오랫동안 긴장 상태로 있던 몸의 근육도 이완되기 시작했다. 특히 얼굴, 눈, 목구멍, 어깨, 그리고 목 근육이 많이 부드러워졌다. 이 근육들이야말로 주변 세계를 좁은 대상형 주의로 꽉 붙잡는 데 필요한 근육들이다. 얼굴에도 혈색이 돌아왔고, 긴장성 두통도 거의 발생하지 않았으며, 편두통은 사라진 거나 다를 게 없었다. 경련성 결장과 자궁내막증으로 인한 만성 통증도 거의 사라졌다. 성격도 부드러워졌다.

몇 차례 세션을 받고 나서 파울라는 자신이 훨씬 편안해지고 중심이 잡히는 것 같다고 말했다. "내 삶이 이렇게 바뀌다니 믿을 수 없어요." 몇 달 후 그녀가 한 말이었다. "이 연습을 계기로 내 삶의 모든 것이 더 좋은 쪽으로 바뀌었어요."

파울라가 주의를 기울이는 방식을 바꾸었다고 해서 일하고 운전하고 공부하는 능력이 떨어진 건 아니다. 오히려 이제 더 수월하게 그런 일들을 할 수 있었다. 무엇보다 중요한 것은 파울라가 오픈 포커스 주의 상태를 지속하는 법을 배웠다는 점이다. 그녀는 이제 초점을 단단히 붙드는 것과 가볍게 붙드는 것의 차이를 알게 되었다. 이처럼 새롭게 발견한 유연한 주의 덕분에 그녀는 필요할 때면 초점을 좁혀 기민하게 반응하는 한편, 그렇게 강하게 집중할 필요가 없을 때는 주의를 넓게 분산시킬 수 있었다. 자연히 스트레스도 스스로 조절할 수 있게 되었다. 파울라는 좁은 주의와 넓은 주의를 동시에 쓸 수 있다는 사실도 깨달았다. 공간 알아차리기를 자신의 일상에서 활용하는 법도 알게 되었다. 점심을 먹을 때든 환자를 부축할 때든 그녀는 이제 자연스럽게 공간을 자각하는 상태에 머물 수 있었다. 그녀는 아주 중요한 것 하나를 배운 것이다. 바로 주의를 기울이는 방식이 우리의 경험과 반응의 강도를 결정한다는 사실 말이다. 좁은 초점 상태는 그 강도를 높이는 반면, 넓은 주의는 그 강도를 낮춰준다.

유연한 주의야말로 건강의 필수조건이다.

비상 모드에서 벗어나기

주의 방식을 변화시킴으로써 이토록 많은 문제가 해결될 수 있다는 것이 얼핏 믿기 어려울지 모른다. 그러나 그것은 사실이다. 인간의 몸에는 타고난 강력한 정상화 메커니즘—주의를 기울이는 방식을 통해 접근하고 작동시킬 수 있는 메커니즘—이 존재한다. 나는 이 사실을 환자들에게서 수도 없이 확인했다. 스트레스 때문에 생기거나 악화된 거라고는 생각지도 못했던 문제들도 오픈 포커스 주의 훈련으로 해결되었다. 그럴 수 있는 까닭은 좁은 대상형 주의가 우리가 비상시에 사용하는 주의 방식이기 때문이다.

　주의의 초점을 좁힐 때 우리는 투쟁-도피 반응에 돌입한다. 투쟁-도피 반응은 비상시에 필요하지 않은 일부 생리 시스템의 활동을 억제한다. 예컨대 면역 기능이나 소화 기능은 잠시 뒤로 물러난다. 그 대신 비상시에 필요한 것들, 즉 근육의 긴장이나 정신의 기민함, 심박수와 호흡률은 증가한다. 이것이 스트레스가 역류성 식도염이나 과민성대장증후군 같은 소화기 문제를 일으키는 이유이다. 얼굴이 창백해지는 증상도 비상시에 피부로 가는 혈액이 차단되기 때문이다. 스트레스로 여드름이 생기는 것도 혈액 중의 높은 코르티솔(스트레스 호르몬) 수치가 추가적인 기름 분비를 일으켜 피부 모공을 막기 때문이다. 피부 발진 역시 스트레스가 자가면역 반응을 일으켜 자기 피부를 공격 대상으로 오인한 결과이다. 큰 근육들은 비상시에 더 단단해져 우리가 공격과 탈출을 더 쉽게 하도록 돕는다. 따라서 지속적인 좁은 대상형 주의는 만성 근육통을 일으킬 수 있다.

　비상 상황은 자기 안을 들여다보며 성찰하기보다는 바깥을 향해 좁게 주의를 기울여 주변 환경에 위험 요소가 없는지 살피게 한다. 그리고 스트레스 반응시에는 뇌의 전두엽으로 가는 혈액 공급이 줄기 때문에, 사고 기능이 통찰적·추론적이 되기보다는 반응적이 된다. 그 결과 현명한 판단을 내리는 능력, 적절하고 효과적으로 주의를 기울이는 능력이 방해받는다. 이것이 오늘날 주의력결핍장애ADD나 주의력결핍 및 과잉행동장애ADHD의 유행에 관한 부분적인 설명이 된다.

스트레스 반응은 강력하다. 자동차나 바위를 번쩍 들어 올려 밑에 깔린 사람을 구하는 예에서처럼 비상 상황에서 사람들은 초인적인 능력을 보인다. 비상시에 인간의 몸은 모든 신체 기관과 근육을 강화시키는 수백 가지 스트레스 화학 물질을 쏟아낸다. 그런데 이렇게 준비를 다 마쳤는데도 스트레스가 해소되지 않고 남을 때 문제가 발생한다. 스트레스 반응이 줄지 않으면 그것은 우리 몸의 생리 작용을 변화시킨다. 우리가 두렵거나 위협적인 상황에 대응하거나 도망갈 수 없을 때 이런 일이 일어난다. 이런 스트레스는 일부만 사라질 뿐 상당 부분은 여전히 우리 몸속에 남는다. 스트레스가 반드시 나쁜 것은 아니다. 그것은 우리가 변화하고 성장할 수 있도록 하는 힘이 될 수도 있다. 그러나 스트레스가 누그러지지 않고 장기간 지속되어 쌓일 때 그것은 부정적인 영향을 미치게 된다.

다행히도 스트레스에 대처할 수 있는 방법이 있다. 스트레스는 우리 몸과 마음을 긴장시키는 힘이라고 이해하는 게 좋다. 오픈 포커스는 몸과 마음에 쌓인 스트레스의 긴장을 역전시키는 방법, 즉 그것을 정상화시키는 과정이라고 할 수 있다. 오픈 포커스는 신체의 모든 계통이 항상성(외부 환경의 변화에도 불구하고 체온이나 혈당량, 삼투압 등 생체 내부 환경은 일정하게 유지·조절하는 것―옮긴이)을 유지할 수 있게 한다. 스트레스가 일으키는 문제는 신체의 구조적 문제라기보다는 기능적 문제이다. 그러나 오랫동안 스트레스가 축적되면 신체 구조에까지 문제를 일으킬 수 있다. 예를 들어 우울증을 치료하지 않고 방치하는 사람은 뇌 해마의 용적이 줄어든다.

오픈 포커스를 활용해 중추신경계가 비상 모드에서 벗어나기 시작하면 우리는 스트레스에서 회복하게 된다. 이때 뇌의 전기 활동은 15~45Hz 범위의 베타파에서 5~15Hz의 이완된 낮은 주파수 영역으로 떨어진다. 이 주파수 영역은 세타파, 알파파, SMR파(감각 운동 리듬sensory-motor rhythm)에 해당한다. 이때 투쟁-도피 반응을 관장하는 교감신경계는 조용해지고 부교감신경계가 지배하게 된다. 혈액 공급이 줄어들었던 신체 부위로 다시 혈류가 증가하면서 신체 각 부위가 활성화되고 치유가 이루어지며 기능이 개선된다. 혈류의 변화로 뇌의 여러 부위가 자극을 받으면 뇌의 신경 패턴도 변화한다. 이제 사고는 전략적이 아니라 합리적으로 변한다. 막연한 두려움이나 불안이 줄어들고, 열린 주의를 유지하기는 더 쉬워진다. 잠도 더 잘 든다. 눈과 얼굴의 근육, 심장 근육, 폐 근육, 그리고 커다란 주변 근육에 이르기까지 혈류가 증가하면서 근육은 더 이완되고 긴장은 줄어든다. 이 열린 주의 영역에 더 오래 머물수록 신체는 더 잘 회복되고 치유도 더 잘 이루어진다. 즉 오픈 포커스 주의가 확장되면서 스트레스가 흩어지는 것이다.

주의를 기울이는 방식이 여러 가지 있다는 것을 알고 오픈 포커스 연습을 통해 다양한 주의 방식에 접근하는 법을 터득했다면, 다음 단계는 새롭게 습득한 이 기술을 일상 생활에 적용하는 것이다. 우리는 일상의 모든 상황에 이 기술을 적용할 수 있다. 오픈 포커스 연습은 유연한 주의 방식으로 세상과 만나고 효과적으로 현실을 관리하는 데 그 무엇과도 비교할 수 없는 기술과 도구를 제공한다. 오픈 포커스 주의 상태에 있을 때 그동안 쌓였던 스트레스는 해소되고, 스트레스가 다시 생기더라도 지속적으로 회복해 나아갈 수 있다. 고통이나 원치 않는 경험을 해소하는 것은 이제 제2의 천성이 된다.

오픈 포커스 영역으로 들어가는 것은 생각만큼 어렵지 않다. 이는 자전거 타는 법을 배우는 것과 비슷하다. 처음 자전거 타는 법을 배울 때 우리는 자전거 손잡이 잡기, 페달 밟기, 몸의 균형 잡기 등 자전거를 제대로 타는 데 필요한 각각의 것에 좁은 주의를 기울인다. 그러나 이런 것들에 계속 좁게만 집중하고 있으면 자전거는 곧 나무에 부딪히고 말 것이다. 우리는 어릴 적 자전거 타는 법을 배울 때부터 알아차림의 범위를 넓혀 이 모든 것을 하나로 엮어내는 능력을 익힌다. 그리고 어느 틈엔가 우리는 새로운 자유를 느끼면서 신나게 거리를 질주하고 있다.

네 가지 주의 방식과 그 특성

———

좁은 대상형 주의의 비상 모드에서 벗어나 이완된 상태로 깨어 있는 오픈 포커스 주의 방식으로 옮겨가는 법을 익히는 것이 무엇보다 중요하다. 오픈 포커스 자체는 특정 주의 방식을 선호하지 않는다. 그것은 가능한 모든 주의 방식을 받아들인다. 오픈 포커스 안에는 네 가지 주요한 주의 방식 — 넓은diffuse, 좁은narrow, 대상형objective, 합일형immersed 주의 방식 — 이 있을 수 있다. 비중의 차이는 있겠지만, 이것들은 동시에 어우러져 일어날 수 있다. (이것들이 주의 방식의 전부는 아니지만 내가 확인한 바 서로 구별되는 특징을 지닌 주의 방식이라고 할 수 있다.) 이들 주의 방식은 저마다 특징이 있으며, 우리의 생리, 기분, 행동에 서로 다른 중요한 영향을 미친다. 이들 각각의 주의 방식을 지원하는 생리적 메커니즘 또한 서로 구별되며 독립적이다. 이는 이 주의 방식들이 각각, 혹은 다른 방식들과 어울려서, 아니면 모두 동시에 존재할 수 있음을 의미한다.

그림 2는 이 주의 방식들 사이의 관련성과 서로의 가능한 조합을 그림으로 나타낸 것이다. 교차하는 네 개의 직선은 각 주의 방식의 연속성을 나타내며, 가운데 중심점으로부터 바깥으로 멀어질수록 해당 주의 방식의 수준이 높아짐을 의미한다.[1]

'좁은narrow' 주의 방식을 사용할 때 우리는 경험하고 있는 제한된 범위에만 주의를 집중하게 된다. 그 외의 주변에 대한 지각은 인식에

그림 2. 주의 방식의 여러 차원: 객관적 모델

서 제외시킨다. 초점을 좁힌다고 해서 단지 시각적인 것에 주의를 기울이는 방식만을 말하는 게 아니다. 우리는 다른 모든 것을 제외시킨 채 특정한 감각이나 생각 혹은 문제에만 만성적으로 좁게 초점을 맞추는 경우가 있다. 가령 좁은 초점 상태에서 대화를 나눌 때 우리는 상대방과 주고받는 말, 그리고 자신에게 들려주는 내면의 대화를 제외한 모든 감각 입력을 차단한다. 그 결과 대화 내용에 대한 자신의 신체 반응에는 전혀 주의를 둘 수 없게 된다. (자신의 신체 반응에 대한) 이러한 알아차림 결여는 우리의 '감성 지능'을 상당 부분 떨어뜨리는 주범이다. 이는 상대방과 진정한 소통이 필요한 경우 특히 부정적인 영향을 미친다. 실제로 자신의 문제와 관련해 몸에서 느껴지는 감각을 알아차리는 것이 심리 치료의 성패를 좌우하는 결정적 요인이라는 사실이 연구 결과 밝혀졌다.[2]

특히 상대방과 말다툼 중이라면 우리는 자신의 화난 감정과 상대방이 자신에게 잘못하고 있다는 느낌에만 좁게 초점을 맞추게 된다. 이때 우리는 상대방의 말을 듣지 못한다. 또 다툼을 끝내고 관계를 회복하는 데 도움이 될 생각과 기억에는 접근도 하지 못한다. 좁은 초점이 우리에게 불리한 영향을 미치는 쪽으로 주의의 범위를 제한하는 것이다.

또 하나의 주의 방식은 '넓은diffuse' 초점을 갖는 것이다. 이 주의 방식은 주변 세계를 더 부드럽고 폭넓은 시각으로 바라보게 한다. '주의'를 손전등에서 나오는 빛이라고 생각해 보자. 캠핑을 갔는데 숲속 나무에서 새끼 곰의 울음소리가 들린다고 하자. 우리는 손전등의 빛을 좁혀 오직 곰에게 불빛을 집중할 것이다. 그런데 만약 그 곰이 정확히 어느 나무 밑에 숨어 있는지 알지 못한다면 우리는 손전등의 빛을 나무 한 그루가 아니라 숲 전체—곰도 그 속에 있을 것이다—를 향해 넓게 비출 것이다.

넓은 주의는 다른 것은 다 배제하고 한 대상에만 집중하는 것이 아니라 파노라마처럼 넓게 보는 것이라고 할 수 있다. 극단적으로는 모든 내적·외적 자극은 물론이고 그것이 일어나는 배경으로서의 공간, 고요, 영원성까지 고루 의식하는, 포괄적이고 3차원적인 주의 방식이다. 이때는 주의의 특정 대상이 두드러지게 나타나지 않는다. 대상과 배경 사이의 구분도 사라진다. 숲 속을 걸으면서 새 울음소리와 꽃 향기, 바람의 감촉, 나무 모양, 그리고 이런 감각 경험이 일어나는 배경으로서의 공간과 고요까지 그 전부를 동시에 자각하고 있는 상태라고 할 수 있다.

좁은 주의와 넓은 주의를 모두 수용하며 둘 사이의 균형을 유지하는 것이야말로 우리의 일상에 꼭 필요한 일이다. 좁은 주의가 의식을 집중 및 강화시키고, 넓은 주의가 경험과 반응의 범위를 넓히고 그 강도를 완화시켜 준다면, 오픈 포커스는 이 두 가지 주의 방식을 동시에 우리의 알아차림 속으로 가져오는 포괄적인 상태라고 할 수 있다. 만약 좁은 초점 상태로 주의를 기울이다가 공간이나 여타 감각 경험들까지 알아차릴 수 있다면 주의는 더 고르고 넓게 확산되며 스트레스도 흩어져 사라질 것이다.

이것은 어두운 방 안에서 밖으로 문을 여는 것과 비슷하다. 조금만 문을 열어도, 방금 전만 해도 어두워서 보이지 않던 많은 물건들이 보일 만큼 충분한 빛이 그 틈으로 들어온다. 또 공기도 방 안으로 들어와 숨쉬기도 한결 편해진다. 초점을 여는 것은 이렇게 방 문을 여는 것과 비슷하다. 조금만 초점을 열어도 우리가 지각하는 물리적 환경이 크게 바뀔 수 있다.[3]

그림 2에서 중앙의 원점으로부터 '대상형' 주의 쪽으로 뻗어나가

는 축은 우리가 경험에 대해 느끼는 거리감이나 친밀감과 관련이 있다. 이 연속선상에서 유연하게 움직일 수 있는 능력은 필요에 따라 초점을 좁히고 넓히는 것만큼이나 우리의 건강과 기능에 중요하다.

대상형 주의는 관찰자가 인식 대상으로부터 일정한 거리를 둔 채 대상을 평가하고 통제하는 의식적 능력을 키워준다. 각각의 주의 방식들은 특정한 신체 자세나 얼굴 표정과도 연관이 있다. 로댕의 조각 〈생각하는 사람〉은 대상형 주의의 전형적인 자세를 취하고 있다고 할 수 있다. 사람들이 뭔가 차갑고 판단하는 듯한 표정을 짓는다거나 창백한 얼굴을 하고 있으면 우리는 그가 지금 대상형 주의를 사용하고 있다는 걸 알 수 있다.[4]

대상형 주의는 인류의 조상들이 주변의 물리적 세계와 나누었던 일체감으로부터 한 걸음 물러나 자연의 제반 법칙들을 발견하는 데 도움을 주었다. 헤아릴 수 없이 많은 방식으로 인류의 삶을 향상시킨 혁신들이 가능했던 것도 바로 이 대상형 주의 방식 덕분이다. 그러나 불행히도 이는 우리가 자연의 일부라는 자각으로부터 멀어지게 만들었다. 이것이 어쩌면 우리가 환경에 대한 책임 있는 관리자가 되지 못한 이유일 것이다.

그림 2의 마지막 축은 '합일형immersed(또는 absorbed)' 주의로, 자기를 잊을 정도로 어떤 대상이나 과정에 몰입하는 사람들에게 특징적으로 나타나는 주의 방식이다. 이 주의 방식은 대개—늘 그런 것은 아니지만—즐거운 느낌과 관련된다. 음식의 맛을 즐기거나 섹스의 기

뻠을 경험하는 경우가 여기에 해당된다. 합일형 주의를 기울이는 사람은 대개 황홀한 얼굴 표정을 짓는다. 그것은 이 주의 방식이 몸과 마음에 미치는 영향을 반영하는 것이다. 예컨대 기쁨에 넘치는 연인들, 황홀경에 빠진 콘서트장의 관객들, 음식에 만족하는 미식가의 얼굴 표정을 떠올려보라.[5] 또는 창조적인 예술가나 운동 선수가 별로 애쓰지 않고도 최고의 기량을 발휘하는 경우나 댄서가 음악과 자기 몸의 움직임에 몰입해 자신을 완전히 잊는 경우가 바로 합일형 주의 상태라고 할 수 있다. 넓은 주의와 합일형 주의 모두 우뇌에 의해 조직된다.

우리는 한 번에 한 가지 이상의 방식으로 주의를 기울일 수 있다. 각각의 주의 방식들은 저마다의 메커니즘을 갖고 있지만 서로 배타적인 것은 아니다. (서로 다른 주의 방식이 동시에 공존할 수 있다는 말이다. ─ 옮긴이) 가령 좁은 주의는 합일형 주의, 대상형 주의, 넓은 주의 어느 것과도 결합할 수 있다. 중추신경계는 유연성이 커서 각성도가 높은 좁은 대상형 주의나 각성도가 낮은 넓은 합일형 주의 중 어느 한쪽으로만 치우치지 않는다. 그냥 내버려두더라도 중추신경계는 자연스럽게 이 주의 방식들 사이를 돌아다닌다. 즉 그림 2에 그려진 주의의 스펙트럼 위를 오가며 필요에 따라 다양한 주의 방식을 조합하는 것이다.

오픈 포커스 훈련을 하면 주의의 폭이 넓어진다. 오픈 포커스 상태에서는 시각, 청각, 기타 감각 정보들 모두를 그 배경이 되는 공간과 함께 폭넓은 호기심을 가지고 받아들인다. 오픈 포커스에서는 다른 감각 신호를 배제한 채 특정 감각 신호에만 집중하지 않는다. 무엇보다 오픈 포커스를 통해 우리는 자신이 어떻게 주의를 기울이고 있는지 알 수 있다. 그래서 순간순간 가장 적절한 주의 방식이 무엇인지 결정하고 재빨리 그것을 활용할 수 있다. 그림 2에서 교차선들로 구분된 사분면(A, B, C, D)은 각기 서로 다르게 조합된 주의 방식들이다.

사분면 A는 '좁은 대상형' 주의에 해당하는 영역으로, 우리가 평소에 가장 자주 사용하는 주의 방식이다. 이것은 중베타파에서 고베타파에 해당하는 고주파수의 뇌파를 사용하는, 아주 활기차고 빠른 뇌파 활동으로서 주로 좌뇌에 의해 조직된다. 좁은 대상형 주의에서 우리는 시각, 청각 혹은 인지적 자극 등의 제한된 경험에만 주의를 기울이고, 내면의 신체 감각이나 감정 등 다른 감각들은 모두 제외시킨다. 이 주의 방식은 대상의 객관화를 강조하며 그것을 제외한 배경에는 거의 또는 전혀 주의를 기울이지 않는다. 극단적인 경우에는 촛불을 대상화할 때처럼 오직 한 지점에만 주의를 집중한다.

극단적인 좁은 대상형 주의를 만성적으로 과도하게 사용할 경우 불안, 공황, 걱정, 그리고 몸과 마음의 뿌리 깊은 경직 상태를 일으킬 수 있다. 이것은 부드럽고 유연한 일처리에는 적이나 다름없다. 예를 들어 골프 선수가 지나친 집중 상태에 빠졌을 때 근육이 긴장해서 일어나는 입스yips(골프에서 퍼트를 할 때 실패에 대한 두려움으로 몹시 불안해하는 증세. 호흡이 빨라지며 손에 가벼운 경련이 일어난다―옮긴이)

같은 증세가 바로 그런 경우이다.

사분면 B에 해당하는 '넓은 대상형' 주의는 넓은 경험을 아우르는 동시에 그 경험과 분리된 객관성을 유지할 때 일어난다. 이때 우리는 공간, 고요, 마음, 영원에 대한 훨씬 보편적이고 확장된 알아차림 속에서 일련의 대상을 지각한다. 이런 주의 방식은 반복을 통해 꽤 숙련된 행동을 할 때 나타난다. 예컨대 오케스트라 연주, 자동차 운전, 사무 업무, 운동이나 예술 활동, 연극 연출 등의 활동을 할 때 그러한데, 이때 우리는 초점이 확장되어 수많은 자극들을 다 아우르는 동시에 우리가 하는 행위를 일정한 거리를 두고 바라볼 수 있게 된다.

사분면 A와 B는 둘 다 경험으로부터 일정한 거리를 두는 대상형 주의 방식이다. 그 반면 사분면 C와 D는 경험에 더 몰입하는 주의 방식이다. 몰입이 극단에 이르면 자아에 대한 의식이 사라질 수도 있다. 사분면 A와 B가 나와 나 아닌 것, 주체와 객체(대상) 사이의 거리와 구분을 강조한다면, C와 D에서는 이런 구분이 사라지고 경험과의 합일이 더 두드러진다.

사분면 C는 '넓은 합일형' 주의에 해당하는데, 이 주의 방식이야말로 우리 사회가 요구하는 좁은 대상형 주의에 대한 해독제라고 할 수 있다. 이것은 현대 사회의 신체적·심리적 스트레스에서 회복되게끔 하는 데 가장 효과적인 주의 방식이다. 넓은 합일형 주의는 경험에 대한 주의의 범위를 넓히는 동시에 그 경험과 하나되는 주의 방식이다. 이런 주의의 특징이 두드러지는 경우는 우리 주변에서 그리 흔치 않다. 이 주의 방식은 대개 창조성, 사랑, 영적 깨달음 등과 관련이 있다. 넓은 합일형 주의 상태에 있을 때 시간과 공간의 경계는 사라지거나 흐려진다. 좁은 대상형 주의는 분석하는 데 도움이 되지만, 넓은 합일형 주의는 나와 나 아닌 것 사이의 차이를 통합하는 데 도움이 된다. 이처럼 다양한 주의 방식을 의식적으로 알아차리고 유연하게 적용할 때 우리는 최고의 능력을 발휘할 수 있다.

사분면 D는 '좁은 합일형' 주의를 나타낸다. 저주파수와 고주파수 모두와 관련되는 좁은 합일형 주의는 경험을 즐기면서 동시에 그 강도를 강화시키는 주의 방식이다. 과제나 일에 깊이 몰두해 있을 때,

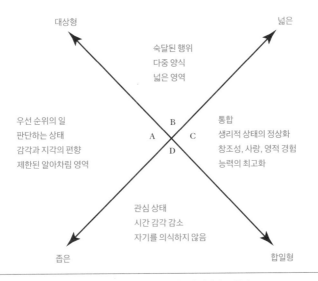

그림 3. 여러 차원의 주의 방식과 그 특성

또 그 과정에서 시간 감각을 잃어버리고 있을 때도 우리는 좁은 합일형 주의를 사용하고 있는 것이다.[6] 낚시를 좋아하는 한 남자가 있다고 하자. 낚싯대를 드리운 채 입질을 기다리는 몇 시간 동안 그는 자신도 잊고 다른 것은 아무것도 눈에 들어오지 않는다. 낚시가 주는 매력의 하나는 어쩌면 이러한 합일형 주의 상태에서 나오는 신체적 이완감일 것이다.

좁은 합일형 주의는 지적으로 흥미로운 활동이나 감정적·신체적으로 즐겁고 자극적인 활동도 포함한다. 우리가 경험의 강도를 높이고 즐기기 위해 신체적으로 더 깊이 경험해 보고자 하는 모든 것이 여기에 포함된다. 운동 경기나 문화 행사 같은 것들이 매력적인 이유는 그것이 별다른 자의식 없이 몰입하거나 몰두할 수 있는 기회이기 때문이다. 그런 깊은 몰입이 방해받았을 때 사람들이 화를 내는 이유도 그런 즐거움이 방해받기 때문일 것이다.

사분면으로 나눠 설명된 복합적인 주의 방식 외에도, 우리는 주의의 두 축에서 양극에 있는 주의 방식을 통합하는 법을 배울 수 있다. 좁은 초점과 넓은 초점을 통합하는 것의 중요성에 대해서는 위에서 이야기했다. 대상형 주의와 합일형 주의를 동시에 유지하는 것은 우리의 삶을 변화시킬 수 있는 훌륭한 스트레스 해소법이다. 그렇게 할 때 우리는 세상과 하나가 되면서 더 생생하게 살아있다는 느낌을 가질 것이다. 그뿐 아니라 창조적이고 초월적인 영역, 그리고 다차원적인 삶의 경험을 맛보게 될 것이다.

우리는 생물학적으로 이 주의 방식들을 모두 타고났지만, 이 책을 읽는다고 해서 즉시 오픈 포커스 주의 방식으로 사물을 보게 되는 것은 아니다. 우리는 좁은 대상형 또는 좁은 합일형 주의에 너무 익숙해 있어서 거기에서 바로 벗어나기는 어렵다. 오픈 포커스는 단지 지각을 주변부로 넓히는 것만이 아니라 모든 대상과 공간을 동일하게, 그리고 동시에 알아차리는 것까지 포함한다. 이 두 가지 사이에는 미묘하지만 매우 중요하고도 분명한 차이가 있다. 이것은 시간을 들여 연습해야 하는 기술이다. 이 책에 실린 몇 가지 특별한 연습을 통해 누구라도 주의를 기울이는 방식을 바꿀 수 있다. 그리고 이를 통해 주의를 기울이는 방식의 심각한 편향과 그로 인한 잘못된 노력과 긴장, 누적된 스트레스도 줄일 수 있다.

CHAPTER 4

저 아래
숨어 있는 것,
불안

The Open-Focus BRAIN

저 아래 숨어 있는 것, 불안

뉴저지에 사는 트레이시라는 여성은 공황 발작과 광장공포증이 심해 집 밖을 잘 나서지 못했다. 그녀의 증상은 어느 날 갑자기 특별한 이유 없이 찾아왔다. 심장이 빨리 뛰고 호흡은 가빠졌으며 기절할 것만 같은 느낌이 들었다. 고속도로에서 차를 몰다가 받는 스트레스로 종종 공황 발작을 일으키기도 해서 그녀는 운전도 할 수 없었다. 남편이 대신 운전해 주지 않으면 외출도 하기 어려웠다.

어느 겨울날 그녀는 나를 찾아와 오픈 포커스 훈련을 시작했다. 그리고 집에서도 녹음된 유도문을 들으며 훈련을 했다. 하루에 두 번 집에서 연습을 하고 일주일에 한 번 바이오피드백 훈련을 위해 우리 클리닉을 찾았다. 몇 주 후 트레이시의 공황 발작이 줄어들기 시작하더니, 연습 6주가 되자 완전히 사라졌다. 다음해 어느 화창한 봄날 트레이시는 클리닉까지 40킬로미터가 넘는 길을 직접 차를 몰고 올 수 있었다며 무척 기뻐했다.

이후 20년 동안 그녀는 거의 증상이 나타나지 않았다. 그러다 딸아이의 결혼식이 가까워오자 공황 발작이 재발했다. 거의 숨을 쉴 수가 없고 목구멍이 막히는 듯했다. 침도 삼킬 수 없었다. 그녀는 급히 병원에 실려 왔다. 며칠 동안 정맥 주사를 맞으며 숨을 헐떡거렸다. 딸의 결혼식 일주일 전에 그녀는 나를 찾았다. 나는 그녀가 병원 침상에 누운 채로 오픈 포커스 훈련을 할 수 있도록 해주었다. 서서히 그녀의 목구멍이 열리면서 목 넘김이 정상으로 돌아왔다. 트레이시는 딸의 결혼식에 참석할 수 있을 정도로 회복되었고, 이후 그녀의 증상은 점점 더 나아졌다.

라틴어로 '공포의 지속 상태'를 뜻하는 '불안anxiety'은 우리 시대의 가장 큰 정신 건강 문제이다. 2천만 명의 미국인이 범불안 장애, 공포증, 외상후 스트레스 장애, 강박 장애, 공황 장애 등의 불안 장애로 고통을 겪고 있다. 《임상정신의학저널Journal of Clinical Psychiatry》은 미국에서 불안 장애로 인한 의료 비용이 연간 420억 달러가 넘는 것으로 추산했다. 이는 미국 전체 정신 건강 관련 예산의 3분의 1에 해당하는 액수이다. 불안 장애가 있음에도 병원에 오지 않았거나 환자들 스스로 대처하는 경미한 수준까지 더한다면 그 비용은 더 늘어날 것이다.

우리는 불안을 흔히 정신 장애로 간주하지만 그것은 실제로 좁은 대상형 주의로 오랫동안 살아온 결과이다. 투쟁-도피 반응을 만성적으로 되풀이해 오면서 몸과 마음에 두렵고 강렬한 기억과 느낌이 축적된 것이다. 물론 잘못된 주의가 불안을 쌓는 유일한 원인은 아닐 것이다. 유전적 요인과 환경적 요인도 모두 그 원인이 될 수 있다. 하지만 다른 원인이 무엇이든 주의를 기울이는 방식은 그중에서 가장 근본적이고 통제 가능한 요인이라고 할 수 있다.

주의가 만성적으로 비상 모드에 있는 것은 전형적인 임상적 불안뿐 아니라 훨씬 더 광범위한 문제를 일으킨다. 개인마다 유전적·환경적인 차이가 있는 만큼 뇌의 고주파 전기 활동도 사람마다 다르게 나타난다. 그것의 영향은 몸과 마음 전체를 불안정하게 만들며, 사소한 염려에서부터 근심걱정, 감정적 반응, 충동, 초조 등 여러 가지 문제를 일으킬 수 있다.

우울증도 많은 경우 만성적인 비상 모드로 주의를 기울이며 산 결과이다. 오랫동안 힘들게 불안을 억눌러온 신경계가 완전히 지쳐 나가떨어진 것이다. 불안과 우울은 보통 동시에 존재하며 서로를 통제하는 데 이용된다. 즉 무의식적으로 불안을 억누를 경우에 불안은 줄어들 수 있지만 그 대신 우울증이 생긴다. 최근의 연구는 우울증이 과도한 스트레스 반응(즉 만성적인 불안) 때문에 생긴다는 견해를 지지하고 있다.[1]

내가 보기에 좁은 대상형 주의는 편두통과 불면증, 만성 통증, 말 더듬과 이 갈기, 틱 장애(자신도 모르게 얼굴이나 목, 어깨, 몸통 등의 신체 일부분을 아주 빠르게 반복적으로 움직이거나 이상한 소리를 내는 질환—옮긴이) 등 많은 문제를 일으키거나 악화시키는 원인이 된다. 좁은 초점의 주의는 또한 주의력결핍장애 혹은 주의력결핍 및 과잉행동장애로 알려진—이완된 방식으로 지속적인 관심과 주의를 기울이지 못하는—가장 흔한 '주의 장애'의 근본 원인이기도 하다.

불안과 주의력결핍장애

마케팅 및 광고 담당 중역인 로널드는 자신의 주의력에 문제가, 그 것도 심각한 문제가 있다는 사실을 몰랐다. 사촌동생의 주의력결핍장애를 치료하기 위해 함께 우리 클리닉을 찾기 전까지는 말이다. 사촌이 증상을 이야기하자 로널드는 그게 자신이 오래 전 경험했던 것과 비슷하다는 것을 알게 되었다. 로널드는 그것이 임상적으로 문제가 될 수 있다고는 한 번도 생각해 본 적이 없었다. 다만 자신이 좀 산만하고 잘 흥분하는 편이라고만 생각했다. 그런데 사촌동생의 이야기를 듣고는 자신도 주의력결핍 및 과잉행동장애ADHD라는 심각한 문제를 평생 겪어온 것이라는 생각이 들었다. 로널드는 눈물을 흘리며, 소리를 지른다거나 가만히 앉아 있지 못하고 충동적이고 때론 파괴적인 행동까지 보이던 힘들고 좌절스러운 어린 시절을 떠올렸다. "이제야 왜 내가 유치원 세 곳에서 쫓겨났는지 알겠어요." 로널드가 말했다.

현재 전체 미국 성인의 2~4퍼센트가 ADHD를 겪고 있다. 이것은 밝고 활기차고 성공적인 삶을 살려는 사람들에게 평생의 문제가 되고 있다. ADHD를 겪는 사람이라도 대개는 자신의 증상을 잘 다스려나간다. 실제로 로널드도 심리학을 전공한 뒤 와튼경영대학원에서 MBA를 받고 성공적인 마케팅 사업을 벌였다.

사촌동생이 오픈 포커스 훈련을 받고 긍정적인 쪽으로 변화하는 것을 보고 로널드도 주의 훈련을 받고자 우리를 찾아왔다. 한 시간짜리 세션을 단 한 차례 받았는데도 평생 동안 겪어온 초조함—오래전부터 익숙하게 달고 살아왔고, 때론 자신에게 있다는 사실조차 깨닫지 못했던—이 상당 부분 줄어들었다. 네 차례 세션을 마치고 나자 그는 오랜 시간 숙면을 취하고 난 것처럼 과거 어느 때보다 더 편안하게 이완되는 것을 느꼈다. 로널드는 주 2회 클리닉을 방문해서 세션을 받고 집에서도 매일 훈련을 했다. 그렇게 한 달 동안 하고 나자 자신이 몰라보게 달라진 것을 느꼈다. 밤에 잠도 잘 잤으며, 언제나 고요하고 중심이 잡히는 느낌이 들었다. 불안도 사라졌다. 친구들도 로널드가 전과 달라졌다고 말했다. 그리고 이전에는 힘들었던 일, 예컨대 긴 시간 읽고 쓰는 일도 어렵지 않게 할 수 있게 되었다.

현재, 주의력결핍은 세 가지 부속적 유형으로 일어난다고 보고 있다. 주의력결핍이 주를 이루는 경우(ADD), 충동적인 과잉행동이 지배적인 경우(ADHD), 그리고 두 가지가 결합된 형태가 그것이다. 내 경험으로 볼 때, 이 같은 형태들은 모두 잠재되어 있는 불안을 피하기 위해 무의식적으로 선택된 주의 방식이 근본 원인이다. 연구자들은 ADHD 아동들에게 가만히 앉아 빈 컴퓨터 화면을 바라보라고 하면 아이들은 채 몇 분도 되지 않아 평상시보다 불안 수준이 증가하기 시작한다고 이야기한다.[2] (ADHD가 있는 사람들이 빈 컴퓨터 화면을 보고 있으면 손가락 끝 체온이 즉시 떨어지고 외부 자극이 없는 이런 상태에서는 불안 수준이 증가한다는 연구 결과가 있다―옮긴이) 교사들도 알고 있듯이 교실에서 이런 일이 일어날 때 ADHD 아동들은 불안이 올라오지 못하도록 하기 위해 몸을 자꾸 움직이고 무언가 자극적인 것을 하려 한다. 반면 ADD 아동들은 불안감을 처리하는 방법으로 좀 가벼운 분리 방식을 택한다. 즉 백일몽이나 몽상에 빠지는 식으로 자신을 '지금 여기'에서 떨어뜨려 놓는 것이다. 이렇게 하면 불안감을 느끼지 않을 수 있다. 하지만 이것은 동시에 자기 바로 앞에 있는 것에 주의를 기울이지 못하게 만든다.

ADD/ADHD 아동들의 문제는 주의를 기울이지 못하는 것이 아니다. 문제는 이 아이들이 불안과 긴장감을 느낄 때 그것을 지루함으로 인식해 스스로 주의를 기울이는 능력을 떨어뜨린다는 데 있다. 자리에 붙들려 앉아서 자신의 불안감을 피하게 해줄 적당한 무언가를 찾을 수 없는 학교 생활에 이 아이들은 큰 어려움을 겪는다. 이 아이들에게 비디오 게임을 하게 하면 몇 시간이고 주의를 기울이는데, 그것은 비디오 게임이 이 아이들을 깊이 몰입하게 만들어 불안으로부터 '성공적으로' 주의를 돌리도록 해주기 때문이다.

많은 사람들이 비디오 게임이 아이들에게 좋은 것인지 나쁜 것인지 묻는다. 아이들은 분명히 비디오 게임을 통해 통제와 숙달의 느낌을 얻을 수 있다. 아마도 이것이 아이들로 하여금 비디오 게임에 중독되도록 만드는 주된 요소일 것이다. 그러나 불행히도 비디오 게임은 좁은 대상형 주의에만 보상을 주면서 그런 주의 방식을 더 부추긴다. 좁은 대상형 주의를 남용하면 더 큰 불안과 흥분, 과잉 반응을 낳게 된다. 만약 비디오 게임을 잘하는 데 요구되는 주의 방식을 (좁은 대상형 주의 말고도) 다른 주의 방식으로 다양화할 수 있다면, 비디오 게임이 주의의 유연성을 발전시키는 데 큰 도움이 될 것이다. 가령 화면의 모퉁이 쪽에서 벌어지는 일을 알아차릴 때 높은 점수를 받도록 게임을 설계한다면, 아이들은 더 이완되고 열린 주의 방식, 훨씬 다중 감각적이며 확산된 주의 방식으로 게임을 할 수 있을 것이다. 적어도 잠시만이라도 말이다.

그런데 아이들은 왜 그러한 불안을 느끼는 것일까? 여러 가지 복잡한 원인이 있겠지만, 아이들에게 많은 것을 요구하는 바쁜 세상, 부모와 친구들의 압력, 다양한 수준에서 일어나는 정서적 위기, 그리고 불안에 취약한 일부 아이들의 유전적 성향 등을 들 수 있다. 일부 연구들은 아이들 건강에서 가장 중요한 것이 '자신이 얼마나 안전하다고 느끼는가' 하는 점이라는 사실을 보여준다. 거절이나 버려짐에 대한 공포는 자라나는 아이들의 성격 형성에 강력한 영향을 미친다. 자신의 생존을 양육자에게 의존할 수밖에 없는 영아나 유아는 본능적으로 양육자와 강하게 연결되고자 한다. 그 연결이 위태로워 보이면 아이는 두려움을 느낀다. 두려움과 학대, 방치 같은 환경은―연구자들에 따르면 사랑과 지지의 부족, 심지어 사랑과 지지가 부족하다고 아이가 '지각'하는 것만으로도―아이들에게 투쟁-도피 반응을 일으켜 몸과 마음을 비상 상황에 맞게 대비시킨다.

아동기 트라우마 전문가이자 '스트레스가 인간 경험에서 차지하는 근본적인 역할'을 연구하는 브루스 페리Bruce Perry 박사는 "뇌의 주된 지시는 생존과 생식을 도모하라는 것"이라면서 이어서 이렇게 말한다.

"뇌는 외부와 내부 환경에서 오는 위협적인 정보에 대응해 중복적으로 감지하고 처리하고 저장하고 지각하고 또 동원하도록 되어 있다. 위협이 있을 때 거기에서 가장 효과적으로 살아남기 위해 뇌와 신체의 모든 영역이 동원되고 조율되는 것이다. 이러한 총체적인 신경생물학적 참여는 트라우마 경험이 어떻게 그와 같이 광범위한 방식으로 환자의 몸에 영향을 주고 변화를 일으키는지 이해하는 데 중요하다. 트라우마의 인지적·감정적·사회적·행동적·생리적 잔류물은 환자에게 오랫동안, 심지어 평생 동안 영향을 줄 수 있다."[3]

카리브 해에 있는 도미니카공화국의 한 섬에서 진행한 연구에서 인류학자 마크 플린Mark Flinn은 아이들이 부모와 맺는 관계가 아이들 삶에서 가장 큰 스트레스 요인이라는 점을 발견했다. 아동기 인간의 뇌는 다른 종에 비해 상대적으로 미숙한 상태이기 때문에 아이들은 부모에게 절대적으로 의존한다. 엄마에게 야단을 맞은 아이는 코르티솔(투쟁-도피 반응과 관련 있는 스트레스 호르몬) 수치가 평상시보다 60퍼센트나 올라가고, 이후 급격하게 정상 수치로 돌아온다고 한다.[4] 부모가 1년 동안 별거한 가정의 두 아이는 부모가 별거하는 내내 높은 코르티솔 수치를 유지하다가 부모가 재결합하자 서서히 떨어졌다. 그러나 정상 수치까지 떨어지지는 않았다. 만성적으로 코르티솔 수치가 높으면 일종의 '코르티솔 중독'을 일으켜 기억력과 인지능력, 면역계에 손상을 입힌다. "자신과 가까운 사람들이 어떨 때 기뻐하고 어떨 때 슬퍼하는지 아는 것보다 아이에게 더 중요한 것은 없다"[5]고 플린은 말한다. 우리 아이들은 불안을 일으키는 상황들이 왜 생기는지 이해는 못하지만 그런 상황에 완전히 노출되어 있으며, 자기한테는 그것을 변화시킬 힘이 없다고 생각한다.

만성적인 불안과 그 영향에서 벗어나기

그러나 다행히도 신경계는 가소성이 있어서 스트레스 증가로 인한 만성 증상들을 원래 상태로 되돌릴 수 있다. 오랫동안 쌓인 불안을 해소하기 위해서는 좁은 대상형 주의에서 벗어나 이 책에서 제시하는 오픈 포커스 주의로 전환할 필요가 있다. 주의 방식을 유연하게 전환하는 법을 배우고 훈련하면 우리 몸의 생리도 정상으로 작동하기 시작하는 것을 알게 된다.

인간의 몸은 650여 개의 개별 근육들로 이루어져 있다. 영유아의 근육은 감정과 스트레스에 매우 민감하다.(많은 연구자들이 영아의 근육은 소리, 특히 엄마의 말에 반응한다는 사실을 발견했다. 또 어떤 연구에서는 신생아가 엄마가 하는 말 속의 개별 음소들에 각기 다른 근육으로 반응한다는 것을 밝혀냈다.)[6] 연령대에 상관없이 인간의 근육은 스트레스에 민감하다. 비상시 모드에서 생기는 불쾌한 스트레스를 느끼지 않으려고 몸 전체의 근육이 긴장한다. 일부 근육은 아주 오랫동안, 심지어 평생 동안 긴장된 상태로 있을 수 있다. 이는 마치 두려움의 에너지가 근육 안에 갇혀 있는 것과 같다. 그러나 그렇게 한다고 해서 두려움이 사라지는 것은 아니다. 다만 의식에서 가려질 뿐이다. 긴장된 근육은 두려움의 감정을 우리 신체에 가둬놓을 뿐 아니라 만성적인 통증도 일으킨다.

이렇게 근육 속에 갇혀 있는 불안을 근본적으로 해소하기 위해서는 오픈 포커스 상태에 머물면서, 서서히 몸의 긴장을 깨워 그것을 다시 느낄 수 있게 한 다음 마침내 풀어주어야 한다. 우리가 몸에서 긴장을 발견했다면 그것은 선물이다. 일단 몸의 긴장을 의식할 수 있다면 그것을 완전히 해소하는 것도 가능하기 때문이다.

　고통스러운 기억과 감정에 저항하며 산다면 우리는 현재의 경험을 두려워하게 된다. 또 불편한 느낌을 피하는 방향으로 삶을 조직한다면 우리는 지금 순간의 삶에서 분리되고 말 것이다. 아니면 우리는 감정적인 알아차림이나 신체적인 불쾌한 증상을 외면한 채 원치 않는 내면의 느낌과 동떨어진 다른 것에만 좁게 집중할 수도 있다. 이럴 때 우리는 삶의 자연스런 흐름에 대한 감각을 잃어버리게 된다. 현재 순간으로부터 단절되고, 무감각해지며, 지금 여기의 온전한 경험과도 분리된다. 긴장으로 인해 생기는 이런 현실은 오픈 포커스 상태에서의 활기 찬 삶의 경험에 비하면 매우 밋밋하고 단조롭다.

머리와 손에 대한 오픈 포커스 훈련

이 오픈 포커스 훈련은 머리와 목, 어깨, 팔, 손, 손가락에 쌓인 스트레스를 풀기 위한 것이다. 머리와 목 근육은 특히 스트레스와 긴장에 취약하다. 그 까닭은 이 부위들이 특정 대상에 초점을 맞추고 집중하는 '좁은 대상형 주의 방식'을 유지하는 데 다른 어떤 곳보다 많이 사용되기 때문이다. (이 '머리와 손에 대한 오픈 포커스 훈련' 가이드는 유튜브 '샨티 TV'에서 '머리와 손에 대한 오픈 포커스 훈련' 또는 '오픈 포커스'로 검색하면 만날 수 있다. ─샨티 편집부)

준비

앉거나 선 상태로 자세를 바로잡는다. 허리는 바로 세우되 몸은 부드럽게 이완한다. 이 연습을 하는 동안 자세를 다시 고쳐 잡을 필요가 없도록 안정된 자세를 취한다. 몸을 자주 움직이면 새로운 주의 방식을 익히는 데 방해가 될 수 있으므로 연습을 하는 동안에는 가능한 한 몸을 움직이지 않도록 한다. 몸과 마음이 자연스럽게 아래 유도문에 반응하도록 해본다. 처음에는 눈을 감고 하는 것이 공간을 느끼고, 공간에 대한 경험을 상상하거나 자각하는 데 좀 더 도움이 될 것이다.

유도문

자세를 바로잡고 '머리와 손에 대한 오픈 포커스' 연습을 시작하겠습니다. 유도문을 들으면서 관련된 이미지나 느낌을 상상하기 위해 특별히 노력을 기울이려 하지 말고 편안한 상태를 유지합니다. 유도문의 문장 하나하나를 들으며 어떤 상상과 경험이 일어나든 그것이 당신에게는 이상적이고 적절한 반응이라고 받아들입니다. 연습을 계속하다 보면 당신의 경험은 자연스럽게 변화하고 깊어질 것입니다. 새로운 경험에 대한 인식이 지속적으로 열리고 확장되어 가는 것을 상상해 봅니다. 공간에 대한 느낌을 상상하는 데 중점을 두면서 이제 머리와 손에 대한 오픈 포커스를 시작하겠습니다.

두 눈 사이의 거리를 상상해 봅니다.

코로 숨을 들이쉬고 내쉬면서 콧속 공간을 상상합니다.

자연스럽게 숨을 들이쉬면서 숨이 눈 뒤쪽으로 흐른다고 상상합니다.

코와 눈 사이의 거리를 떠올려봅니다.

자연스럽게 숨을 들이쉬면서 목구멍 안쪽의 공간을 상상합니다.

목구멍 안쪽 공간과 콧속 공간 사이의 거리를 떠올려봅니다.

입과 뺨 안쪽 공간을 상상합니다.

혀의 표면을 떠올립니다.

혀가 차지하고 있는 공간, 즉 혀의 부피를 그려봅니다.

이와 잇몸이 차지하고 있는 공간을 상상합니다.

입술의 부피, 즉 입술이 차지하고 있는 공간을 떠올려봅니다.

윗입술과 코 끝 사이의 거리를 상상해 봅니다.

목구멍 안에서부터 턱 끝까지의 거리를 떠올립니다.

귓속 공간을 상상해 봅니다.

목구멍 안에서부터 귓속 공간까지의 거리를 상상해 봅니다.

턱 끝에서부터 귓속 공간까지의 거리를 상상합니다.

두 귀 사이의 공간을 그려봅니다.

턱 끝에서부터 관자놀이 사이의 공간을 상상합니다.

두 관자놀이 사이의 거리를 상상해 봅니다.

턱 끝에서부터 정수리까지의 거리를 상상합니다.

턱 끝과 뒷목 사이의 공간을 떠올려봅니다.

턱 끝에서부터 광대뼈까지의 거리를 상상합니다.

두 광대뼈 사이의 공간을 상상합니다.

턱 끝과 두 눈 사이의 공간을 떠올려봅니다.

두 눈 사이의 공간을 상상합니다.

턱 끝에서부터 이마까지의 거리를 상상해 봅니다.

턱 끝에서부터 입꼬리까지의 거리를 그려봅니다.

턱 끝에서부터 아랫입술까지의 거리를 상상합니다.

입꼬리에서부터 콧구멍까지의 거리를 떠올려봅니다.

턱 전체의 부피를 떠올려봅니다.

두 콧구멍 사이의 거리를 상상합니다.

콧등 안쪽의 공간을 상상해 봅니다.

콧등 안쪽 공간에서부터 뒤통수까지의 거리를 상상합니다.

콧등 안쪽 공간에서부터 두 눈까지의 거리를 상상해 봅니다.

두 눈 주위를 둘러싼 공간을 상상합니다.

눈꺼풀의 부피를 상상해 봅니다.

눈꺼풀에서부터 눈썹까지의 거리를 떠올려봅니다.

이마의 부피를 상상합니다.

콧등 안쪽 공간에서부터 이마 한가운데까지의 거리를 상상해 봅니다.

콧등 안쪽 공간과 머리카락이 시작되는 헤어라인 사이의 공간을 상상해 봅니다.

귀, 턱, 코와 혀, 치아, 잇몸, 입술 등을 포함한 얼굴 전체의 부피를 동시에 상상해 봅니다.

그리고 두피의 부피도 함께 상상해 봅니다.

자연스럽게 숨을 들이쉬면서 그 숨이 얼굴 전체와 두피까지를 가득 채운다고 상상해 봅니다.

숨을 내쉴 때는, 숨이 몸에서 빠져나가면서 얼굴과 두피, 머리가 텅 비워진다고, 즉 공간으로 채워진다고 상상해 봅니다.

목구멍 안의 공간이 확장되어 목 전체가 공간으로 채워진다고 상상해 봅니다.

목 안의 공간과 양 어깨 끝 사이의 거리를 떠올려봅니다.

목과 목구멍 안쪽 공간이 확장하여 양 어깨 전체를 채운다고 상상해 봅니다.

윗팔뚝의 부피를 상상합니다.

윗팔뚝과 아랫팔뚝의 부피를 동시에 상상해 봅니다.

팔 전체와 손목, 손의 부피를 동시에 상상합니다.

양손 엄지손가락의 부피를 상상합니다.

양손 집게손가락의 부피를 상상해 봅니다.

양손의 엄지와 집게손가락 사이의 공간을 상상합니다.

양손 가운뎃손가락의 부피를 상상해 봅니다.

양손의 집게손가락과 가운뎃손가락 사이의 공간을 떠올려봅니다.

양손의 엄지와 가운뎃손가락 사이의 공간을 상상합니다.

양손 넷째손가락의 부피를 상상합니다.

양손 가운뎃손가락과 넷째손가락 사이의 공간을 떠올립니다.

양손의 엄지와 넷째손가락 사이의 공간을 상상해 봅니다.

양손 새끼손가락의 부피를 상상해 봅니다.

양손의 넷째손가락과 새끼손가락 사이의 공간을 상상합니다.

양손의 엄지손가락과 새끼손가락 사이의 공간을 상상해 봅니다.

양손 손가락 전체의 부피와 손가락 사이사이의 공간을 동시에 떠올려봅니다.

어깨, 팔, 손, 손가락의 부피를 상상하면서 동시에 손가락들 사이의 공간, 그리고 양쪽 팔과 팔 사이의 거리나 공간을 그려봅니다.

숨을 들이쉴 때 그 숨이 머리와 목, 어깨, 팔, 손, 손가락을 가득 채우고, 숨을 내쉴 때 그 숨이 몸을 빠져나가면서 이들 전체 부위가 모두 빈 공간으로 채워진다고 상상해 봅니다.

머리와 목, 어깨, 팔, 손, 손가락 전체의 내부 공간을 자각하면서, 동시에 그 전부를 둘러싸고 있는 주변의 공간을 떠올려봅니다. 손가락 주위와 손가락 사이의 공간, 양팔 사이의 공간, 팔과 어깨와 목과 머리 주변의 공간을 상상해 봅니다.

머리와 목, 어깨, 팔, 손, 손가락의 내부 공간과 바깥 공간 사이의 경계를 자각하면서, 이 안과 밖의 공간이 그 경계를 자유롭게 넘나들고 흐르는 것을 상상해 봅니다.

이 오픈 포커스 연습을 계속할수록 자신의 경험이 더 생생하고 더 쉬워지고 있음을 그려봅니다.

하루에 적어도 두 번 이 연습을 하는 모습을 떠올립니다.

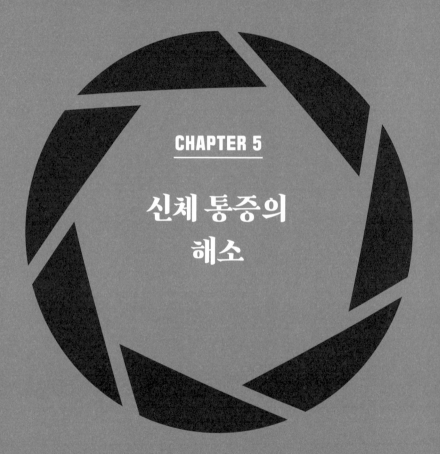

CHAPTER 5

신체 통증의
해소

The Open-Focus BRAIN

5

신체 통증의 해소

오픈 포커스 훈련을 잘 받은 한 심리학자 친구가 인디언 보호 거주지를 방문했을 때 한증 천막sweat lodge에 들어가 땀을 내는 일종의 정화 의식에 초대받았다. 이 한증 천막은 뜨겁고 김이 나는 돌들이 들어 있는 작은 텐트로 사우나와 비슷했다. 천막 안은 조용하고 명상적인 분위기였다. 몇 분 지나자 친구는 뜨거워서 견디기가 힘들었다. 목과 콧구멍이 타는 듯 고통스러웠고, 친구는 그만 밖으로 뛰쳐나가고 싶은 충동을 느꼈다. 이때 오픈 포커스 훈련이 효력을 발휘했다. 친구는 주의를 열어 근육의 긴장을 풀고 자신을 그 불편함과 하나가 되도록 했다. 그러자 통증이 즉시 사라졌다. 얼마 지나지 않아 대부분의 사람은 천막을 떠나고 남은 사람은 친구와 인디언 주술사 그리고 그 주술사의 제자뿐이었다.

조금 시간이 흐른 뒤, 주술사는 천막 한가운데 있는 돌 더미로 손을 뻗어 큰 돌 하나를 들더니 손바닥 위에 놓고 뒤집으며 천천히 살펴보기 시작했다. 그러고는 그 뜨거운 돌을 심리학자 친구에게 넘겨주었다. 친구가 즉각적으로 반응했다면 돌을 떨어뜨려야 했겠지만, 이번에도 오픈 포커스 훈련이 반사적으로 위력을 발휘했다. 친구는 뜨거운 돌에 좁게 초점을 맞추는 대신 의식을 열어놓고 자연스럽게 통증 속으로 녹아 들어가 그 통증이 사라지도록 했다. 그러자 화끈거리는 느낌이 즉각 사라졌다. 그런 다음 친구는 주술사가 이끄는 대로 돌을 천천히 뒤집어 살펴본 후 주술사의 제자에게 넘겨주었다. 제자는 재빨리 돌을 내려놓더니 천막에서 나갔다.

친구와 주술사 두 사람이 천막을 함께 나올 때 주술사가 친구에게 물었다. "어디서 그런 기술을 배웠나요?"

통증의 진짜 원인

우리 문화에는 통증이 만연해 있다. 통증은 비단 욱신거리는 두통이나 목이 아픈 것 말고도 다양한 감각으로 나타날 수 있다. 나는 통증pain을 "불쾌하거나 원치 않는 감각과 느낌이 일정 시간, 일정 강도 이상으로 지속되는 것"으로 정의한다. 여기에는 불안, 증오, 슬픔, 당황, 외로움, 우울 같은 다양한 감정도 포함된다. 또한 날카롭고 두근대고 쏘는 듯하고 묵직하고 둔탁한 모든 형태의 신체적 통증도 포함된다. 심지어 '세계고世界苦'와 같은 아주 모호한 형태의 고통도 포함된다. 또한 두통이나 근육 경련, 요통, 몸살과 같은 일상적인 통증도 포함한다.

문화적으로 우리는 통증을 '전선 모델telegraph-wire model'이라는 1차원적 시각으로 바라보고 있다. 이 모델에 의하면 신체 조직이 상처를 입으면 뇌에 통증 신호를 보내, 뇌에서 통증을 감지한다. 외과 의사들은 그 '전선wire'을 절단해 통증 신호의 전송을 중단시키거나 약물을 투여해 통증을 누그러뜨린다. 그러나 어떤 통증 모델에서는 조직 손상은 단지 전체 그림의 작은 일부에 지나지 않는다고 본다. 조직 손상 외에도 수많은 신체적·심리적 요인들이 통증의 강도와 성질(날카로운지, 무딘지, 욱신거리는지 등등)은 물론이고 다른 신경 신호들이 통증에 미치는 영향까지 결정한다는 것이다. 그러나 통증에 주의를 기울이는 방식이 우리가 통증을 감지하는 데 가장 중요한 요인이라는 사실—나는 그렇게 믿고 있다—은 잘 고려하지 않는다.

간단히 말해, 통증을 감지하고 인지하는 것은 중추신경계이다. 중추신경계가 너무 빠른 속도로 움직이거나 불안정한 상태라면, 즉 안정성을 포기하는 대신 속도를 얻는 좁은 대상형 주의 상태라면, 중추신경계는 통증 신호를 제대로 처리하지 못하게 된다. 중추신경계는 이제 훨씬 더 과민해지고 쉽게 반응하게 되므로 물리적 원인이 없는 데도 '통증'으로 받아들이고 경미한 통증도 더 크게 느끼게 된다. 결국 통증이란―신체적 통증까지도―우리가 습관적으로 주의를 기울이는 방식의 산물인 것이다. 우리가 통증을 억지로 참고 견딜 때 사용하는 주의 방식인 만성적인 좁은 대상형 주의는 무의식적으로 주의를 다른 데로 돌려 통증을 의식 바깥으로 밀어냄으로써 실제로 상황을 더 악화시킨다.

뇌가 불안정하고 과민 반응함으로써 생기는 광범위한 문제는 항경련제로 개발된 뉴론틴Neurontin이라고 하는 약물의 사용에서도 확인할 수 있다. 발작은 뇌가 전기적으로 불안정할 때 특정 저주파 뇌파의 확산을 막아내지 못하거나 너무 쉽게 자극을 받아 생기는 결과이다. 뉴론틴은 발작뿐만 아니라 (당연하게도) 공황에서부터 편두통, 섭식 장애, ADD/ADHD, 강박 장애, 만성 통증에 이르기까지 다양한 증상에 효과를 발휘한다.

또 다른 예로 잭 드레퓌스Jack Dreyfus가 쓴《놀라운 약 이야기*The Story of a Remarkable Medicine*》라는 책에 따르면, 심각한 우울증으로 5년 넘게 고생했던 그가 페니토인(항경련제로 간질 발작 등에 사용―옮긴이)이라는 약(상표명은 딜란틴Dilantin)을 복용하고 한 시간도 지나지 않아 우울증이 완전히 사라졌다고 한다. 그는 자신과 비슷하게 치료된 몇몇 사람의 이야기와 더불어 이 약의 기적적인 효험을 널리 알리기 시작했고, 그 결과 이 약은 이제 우울증에서부터 불안, 통증, 기분

장애, 수면 장애, 야뇨증, 천식, 편두통, 관절염 등의 치료에까지 널리 사용되고 있다.

이것이 가능한 이유는 뭘까? 그것은 넓게 볼 때 이 증상들이 모두 전기적으로 불안정하거나 과민한 뇌로 인해 생기는 질환이기 때문이다. 그러나 약은 효과도 있지만 부작용도 갖고 있으며, 또한 약을 복용한다고 해서 안정된 뇌 활동이나 주의 조절 능력을 배울 수 있는 건 아니다.

적절한 전기적電氣的 안정성을 띠는, 그리고 유연성을 발휘하는 뇌는 그렇지 않은 뇌보다 통증을 훨씬 효과적으로 다룰 수 있다. 나의 임상 경험과 연구에 따르면 오픈 포커스 훈련은 이러한 뇌의 안정성과 유연성을 향상시키는 방법이다. 모든 통증은, 심지어 조직 손상과 같은 지극히 물리적인 통증도 그 통증에 주의를 기울이는 방식을 조절함으로써 제거할 수 있다. 설령 완전히 제거할 수 없다 하더라도 상당 부분 완화할 수는 있다.

통증으로부터 도망가기 vs 통증에 다가가기

나의 임상 경험으로 볼 때 통증을 효과적으로 다루기 위해서는 우리가 평상시에 하는 것과 정반대로 해야 한다. 즉 우리는 통증―불안, 증오, 슬픔, 우울 같은 불편한 감정도 포함된다―을 느끼면 자동으로 그것으로부터 거리를 두고 싶어 하고 그것과 싸우려 한다. 저항하거나 회피하면 통증이 줄어들 거라고 생각하는 것이다. 그러나 장기적으로 보면 정반대의 결과가 나타난다. 의식적으로든 무의식적으로든 통증을 좁게 대상화하는 것으로 오히려 통증에 힘을 실어주는 꼴이다. 그러나 오픈 포커스 주의 상태로 통증에 다가가면, 통증은 우리의 넓은 알아차림 속으로 흩어져 그 힘이 약해지고 결국엔 사라지게 된다.

통증에 좁게 초점을 맞추지 않고 넓게 주의를 기울일 수 있다면, 생리적인 각성도가 낮아지며 알아차리는 범위도 통증 주위로 더 넓어지게 된다. 이렇게 확장된 주의 영역 안에서 통증에 마음을 열고 그것을 받아들여 통증에 더 가까이 다가갈 때 통증의 강도는 약해진다. 통증이 우리의 확장된 알아차림의 작은 일부가 될 때 통증은 한결 받아들일 만한 것, 그다지 위협적이지 않은 것이 되어 그것과 쉽게 융합될 수 있다. 그럴 때 통증은 완전히 해소된다.

내 내담자들은 무릎이나 정강이에 타박상을 입었을 때 오픈 포커스 기술로 통증 '속으로' 들어가 통증과 하나됨으로써 재빨리 통증에서 벗어날 수 있었다고 말한다. 또한 오픈 포커스 기술을 활용하면 감기 증상도 더 빨리 호전되며 상처 난 부위도 더 빨리 아문다고 말한다. 이렇게 통증과 싸우기보다 통증을 받아들이면 붓기와 염증을 예방할 수 있다.

예를 들어 아픈 다리에 주의를 좁혀 통증을 대상화하면 통증과 거리가, 즉 나와의 분리감이 생기면서 추가적인 신경계 자극을 하게 되고, 그렇게 되면 뇌가 더 반응하게 되어 다리 통증은 더 크게 느껴진다. 그리고 이는 다시 좁은 대상형 주의를 더욱 강화시킨다. 그 결과 통증은 우리의 좁아진 의식 속에서 실제보다 과장된 위치를 차지하게 된다. 이러한 통증의 악순환 고리는 한번 만들어지면 비상시 주의 방식을 지속하게 만드는 경향이 있기 때문에, 뇌의 전기적 안정과 편안한 주의 방식으로 다시 돌아오려면 어느 정도 시간이 걸린다.

주의를 기울이는 방식이 아픈 근육에 영향을 미치는 메커니즘은 무엇일까? 투쟁-도피 반응에서 근육은 긴장된 상태가 된다. 산소 박탈을 암시하는 근육 세포의 변화도 바로 근육의 긴장 때문에 생기는 것임이 연구 결과 드러났다.[1] 주의의 초점을 열 때, 전반적으로 그리고 상처 입은 부위 주변에 강력한 생리적 변화가 생긴다. 주의를 기울이는 방식은 뇌파에 영향을 미치며, 이것은 다시 근육의 긴장을 풀어주고 혈액 순환을 원활하게 하며 교감신경계 활동과 관련된 많은 신체 기능에 변화를 일으키면서 부교감신경의 활동을 증가시킨다.

'외부 대상'에 주의를 기울이는 방식을 바꾸어 초점을 넓힐 필요가 있다는 건 쉽게 이해할 수 있지만, 내면의 느낌과 감각에 지금까지와 다르게 주의를 기울인다는 개념은 언뜻 잘 이해되지 않을 수 있다. 그것은 우리가 내면의 느낌과 감각에 대해 흔히 무의식적·자동적으로 반응해 왔기 때문이다. 그런데 무의식적으로 나오는 이 좁은 주의 방식이 습관화되면 우리의 일상 생활에 심각한 영향을 끼치게 된다.

우리는 약효가 없는 가짜 약을 주더라도 환자가 그것을 효험이 있는 진짜 약으로 믿으면 실제로 증상이 호전되는 현상, 즉 플라시보 효과에 대해 알고 있다. 그런데 이 플라시보 효과가 실은 우리가 내면의 경험에 주의를 기울이는 방식을 '무의식적으로' 바꾼 결과일 수 있다. 플라시보 효과는 매우 강력한 현상이다. 항우울제와 기타 향정신성 약물에 대한 많은 이중맹검 연구에서도 플라시보를 복용한 그룹은 진짜 약을 복용한 그룹만큼 혹은 그보다 더 병이 호전되는 결과를 보여주었다. 이것은 우리가 강력한 자기 치유 메커니즘을 갖고 있다는 사실을 보여준다. 그런 효과는 자기가 나을 수 있다는 환자의 기대와 믿음에 기인하는 것으로 여겨진다.

플라시보 효과의 생리적 메커니즘에 대해서는 합의된 견해가 아직 없지만, 나는 주의 방식의 전환이 플라시보 효과를 매개한다고 본다. 환자에게 설탕 알약 같은 위약을 투여하면 환자는 자신의 증상에 대한 좁은 대상형 주의에서 벗어나 넓은 합일형 주의로 옮겨가면서 증상과 하나가 되고, 이는 증상의 완화와 회복에 도움을 주게 된다.

통증에 좁게 초점을 맞추는 것은 마치 벽돌로 된 벽 앞에서 하나의 벽돌만 뚫어져라 쳐다보고 있는 것과 같다. 그때 우리가 보고 생각할 수 있는 것은 오직 그 벽돌뿐이다. 그 벽돌 하나가 의식을 가득 채우고 있는 것이다. 이때 당신의 주의를 확장시켜 그 벽돌이 많은 벽돌 중 하나가 되게 해보라. 다시 주의를 조금 더 확장시켜 그 벽돌이 집의 일부가 되게 해보라. 여기서 좀 더 주의를 확장시켜 이제 그 벽돌이 이웃과 붙은 건물 전체의 일부가 되게 해보라. 이런 식으로 벽돌은 이제 자기가 살고 있는 지역, 국가, 대륙, 나아가 지구, 태양계의 일부가 될 수 있다. 이런 심상화 연습도 오픈 포커스 훈련의 한 형태이다. 벽돌에 대한 지각이 위에 나열한 것처럼 차례로 더 큰 대상의 일부가 될 때, 그런 다음 그 모든 것과 동시에 하나가 될 때, 벽돌에 대한 지각은 모든 방향으로 그리고 주변의 알아차림 속으로 확산되면서 흩어져 사라지게 된다.

통증 완화 과정

통증 완화는 고요하고 낮은 주파수의 주의 방식을 확립하는 것에서 시작된다. 오픈 포커스 주의 방식으로 쉽게 옮겨가는 사람이 있는가 하면, 시간이 좀 더 걸리는 사람도 있다. 또 녹음된 유도문을 들으며 연습해야 하는 사람도 있다. 내담자가 넓은 주의 상태에서 통증과 통증의 안팎, 그 사이의 공간을 대상화하고 나면, 이제 통증을 향해 나아가는 상상을 하게 되고, 마침내 통증과 하나가 된다. 사람에 따라서는 통증이 자신을 완전히 씻어내려 통증에 흠뻑 빠지는 것을 상상하는 사람도 있다. 어느 경우든 이제 통증은 더 이상 좁게 초점을 맞춘 상태에서 일정한 거리를 둔, 나와 분리된 대상이 아니게 된다. 이제 의식은 통증 주위로까지 확산되어 통증과 하나가 되고, 통증은 이렇게 확산된 의식을 통과해 흐르며 더 넓게 흩어진다.

정확한 통증 지점에 좁게 초점을 맞추고 의식적으로 통증의 한가운데로 뛰어드는 것을 상상할 수도 있다. 내가 신장 결석으로 인한 통증을 처리한 것과 같은 방식으로 말이다. 이것은 물이 차갑다는 것을 알면서도 수영장으로 다이빙하는 것과 비슷하다. 더 빠른 방법이지만 결코 쉽지는 않다. 이 방법을 썼을 때 다른 사람들보다 시간이 더 많이 걸리는 내담자도 있다. 또 통증이 자신의 의식이 있는 곳으로 찾아오도록 수동적으로 내버려두는 쪽을 더 좋아하는 내담자도 있다.

통증 해소에 필요한 주의 방식의 순서를 요약하자면, 먼저 공간 속에서 느낄 수 있는 모든 감각들에 주의를 확산시켜 그 주변부까지 넓게 알아차린다. 이는 주의를 집중해 자신의 통증을 느끼고 모든 감각 속에 스며 있는 공간을 느끼는 과정에서 이루어진다. 이렇게 확산된 주의를 계속 알아차린다. 이제 두 번째 단계에서는 통증의 정확한 위치를 찾아 그곳으로 주의를 좁히고 통증의 모양이나 세기를 (0에서부터 10까지의 세기로) 느껴보는 등 통증을 객관화(대상화)한다. 세 번째 단계는 배경으로서의 공간과 여러 신체 감각을 넓게 경험함과 동시에 통증에 더 분명하고 더 직접적으로 대상형 주의를 기울이는 것이다. 네 번째 단계는 통증 경험 자체와 의식적인 알아차림을 통합시켜, 1초에서 30초 동안 통증이 퍼지고 확산되고 소멸되고 해소되도록 허용하는 것이다.

통증을 완전히 해소하려면 이 과정을 여러 번 반복해야 할 수도 있다. 통증을 부분적으로가 아니라 완전하게 해소하면 연습이 끝난 뒤에도 통증이 재발할 가능성은 줄어든다. 통증을 다시 경험하느냐 아니냐는 우리가 익숙해 있는 조건화된 혹은 편향된 주의 방식으로 얼마나 빨리 돌아가느냐와 직접적인 관련이 있다. 그러므로 네 가지 주의 방식이 거의 비슷하게 공존하는 오픈 포커스 상태를 유지하는 것이야말로 우리의 장기적인 목표이며, 수많은 스트레스 증상에 대한 바람직한 해법인 '균형 잡힌 상태'라 하겠다.

이런 주의 방식의 변화는 감정적 고통뿐 아니라 신체 조직의 손상과 같은 신체 통증에도 효과를 보일 수 있다. 그러나 통증과 해로운 감정이 만성적으로 재발한다면 혹시라도 심각한 질환이 있는 것은 아닌지 의사나 심리 전문가에게 상담을 받아보는 것이 좋다.

통증의 억압과 만성적인 회피는 엄청난 에너지 손실을 일으킨다. 그에 반해 통증이 해소되면 에너지가 해방되어 다른 일을 할 수 있다. 오픈 포커스 기술을 사용해 신체적·감정적 통증을 해소한 내담자들은 아주 오랜만에 자기 자신으로 돌아온 것처럼 편안하고 중심이 잡힌다고 말한다.

CHAPTER 6

감정적 고통의
해소

6

감정적 고통의 해소

조지아는 경미한 수준이긴 했지만 오랫동안 불안증을 겪어왔다. 다른 많은 내담자들이 그랬듯 그녀도 불안감이 일면 그것을 무의식적으로 억압해 왔고, 우울한 느낌이 들면 그 불안감을 이용해 기분을 전환하는 법을 익혔다. 다른 내담자들처럼 조지아도 영화를 보거나 쇼핑을 하거나 헬스 클럽에서 운동을 하거나 혹은 장시간 일을 한다거나 하면서 주의를 다른 데로 돌려 불안감을 잊으려고 했다.

그러나 나이가 들면서 스트레스는 계속 쌓이고 그때까지 해오던 회피 전략은 더 이상 효과가 없었다. 그녀를 가장 불안하게 만드는 것은 자신이 돌보고 있는 나이든 부모님의 건강 문제였다. 부모님 봉

양과 힘든 공무원 생활, 그리고 자신의 건강을 돌보는 일 사이에서 그녀는 감정적으로 완전히 소진되는 느낌이 들기 시작했다. 젊은 시절부터 계속 쌓여온 스트레스성 불안은 지금의 스트레스를 더 가중시켰다. 불면증, 슬픔, 외로움, 고립감, 신체 통증 같은 증상도 나타났다. 모두 불안을 오랫동안 억압할 때 흔히 나타나는 증상들이었다.

조지아는 나를 찾아와서 자신의 증상들을 이야기했다. 증상들이 서로 관련 있다는 사실을 알지 못한 그녀는 오로지 불안감을 치료하고자 했다. 뭔지 모를 불안감이 한번 엄습하면 며칠 동안 높은 수준으로 지속되었고 그에 대해 자신이 할 수 있는 일은 아무것도 없으므로, 조지아는 자기 삶에 대한 통제권을 잃고 있다는 느낌이 들었다. 간혹 자낙스Xanax(신경 안정제의 상표명—옮긴이)를 복용했는데, 먹고 나면 피곤해지기도 했고 의존 증상이 생길까봐 걱정도 되었다.

조지아는 섭취 관련 세션을 받은 후 뇌파 동조 및 오픈 포커스 훈련을 시작했다. 몸의 생리 기능을 고요히 가라앉혀 불안의 근원을 하나의 신체적 사건으로 느껴보도록 하는 것이 훈련의 목표였다. 신체 통증의 근원은 위치를 찾기 쉽지만, 감정의 고통은 그 정확한 위치를 찾기가—해로운 감정이 대개 몸에 그 근원을 갖고 있음에도—쉽지 않다. 가만히 앉아서 뇌의 낮은 주파수에 접근할 수 있다면 우리 몸속에 있는 고통스런 느낌의 근원을 쉽게 찾아서 열 수 있을 것이다. 감정이 흔히 자리를 잡는 신체 부위는 위, 목, 가슴 등이다. 간혹 전신에서 막연한 불안감을 느끼는 경우도 있다. 감정적 고통은 신체 어느 부위에나 자리를 잡을 수 있다. 느낌이나 감정이 ― 때로는 신체적 통증까지도 ― 일어나는 즉시 그것을 몸에서 일어나는 국부적 '사건'으로 경험하지 못하는 경우, 우리는 일련의 유도 질문으로 감정이 가장 강하게 느껴지는 신체 부위를 알아차리도록 주의를 이끌어갈 수 있다. 이 과정은 감정적 고통을 신속히 해소하는 데 중요한 단계이다.

조지아는 3주간 훈련을 받았고, 집에서도 뇌파 동조 상태를 증가시켜 넓은 합일형 주의를 키우는 연습을 매일 했다. 이렇게 넓은 합일형 주의 방식으로 신체의 일부에서 나타나는 느낌과 감정, 통증을 경험한다면 통증을 상대적으로 작고 낮은 강도의 사건으로 느낄 수 있다. 이것은 우리가 통증에 대해 과잉 반응하는 것을 막아준다.

오픈 포커스를 경험하면서 조지아는 유도 질문들을 통해 자신의 불안과 우울 그리고 그 아래 깔린 슬픔의 감정을 찾아 넓게 확산시키고 해소할 수 있었다. 그녀는 매주 한 번씩 우리 연구소를 방문하는 동안, 집에서의 연습과 뇌파 동조 훈련을 통해 자신의 불안 증상이 즉각적인 반응을 보이는 것을 알고 놀랐다. 처음에는 세션이 끝난 후 몇 시간 동안 그녀의 마음에서 유독한 감정이 사라지면서 신체적으로도 불안한 느낌이 사라졌다. 계속된 연습으로 고통이 사라진 시간은 더 길어졌다. 이제는 나이 든 부모님을 돌보는 것이 예전처럼 큰 스트레스로 다가오지도 않았고, 부모님의 건강에 대한 걱정도 훨씬 다루기 쉬워졌다. 마치 필요에 따라 고민거리와 걱정을 내려놓고 지내다가 필요한 경우에만 그것들을 다시 꺼내볼 수 있기라도 하는 것처럼 말이다.

흔히 감정적 고통은 신체적인 것과는 무관하고, 따라서 그것이 신체적 통증을 일으킨다고는 생각하지 않는다. 그러나 감정적 고통은 종종 신체적 통증만큼이나 강렬하게 느껴질 뿐만 아니라, 실제로 우리 삶에서 가장 힘든 고통은 감정적 고통으로 인해 생기거나 더 악화된다. 안타깝게도 많은 의사나 정신 건강 전문가 들은 통증이 감정을 감추기 위해 동원하는 통제 전략의 결과가 아니라, 몇몇 이유로 몸이 제대로 기능하지 못하기 때문에 생겨난다고 주장하지만 말이다.

환자에게 오픈 포커스 연습을 시키기 위해 함께 유도문을 듣고 있던 한 여성 심리 치료사의 경우를 보자. 오픈 포커스 연습을 시작하자 심리 치료사는 메스꺼운 느낌이 들기 시작했다. 다음번에 오픈 포커스 연습을 하는데 이번에도 또다시 메스꺼운 느낌이 올라왔다. 치료사는 이 메스꺼운 느낌을 십대 때 겪었던 섭식 장애와 연결시켰다. 섭식 장애가 이미 다 해결되었다고 생각했는데, 오픈 포커스 연습을 하면서 그와 관련된 감정적 문제들이 완전히 해소되지 않았음을 알게 되었다. 그녀는 그저 그 문제들을 틀어막은 채 억누르고 있었던 것이다. 오픈 포커스 연습을 통해 그녀는 위장에 뿌리내리고 있던 오래된 불안감과 다시 접촉할 수 있었다. 그것은 그녀가 이 고통스러운 느낌을 인정하고 해소할 수 있는 기회가 되어주었다.

위와 장은 감정적 스트레스에 매우 민감한 신체 부위로 우리가 불안감을 자주 가둬놓는 곳이다. 나는 감정적 스트레스야말로 우리 문화권에서 너무나 흔한 소화 장애, 과민성대장증후군 등 수많은 장 질환을 일으키는 주원인이라고 본다. 어떤 연구자들은 장에 제2의 뇌가 있다고 믿으며, 이를 '장 신경계enteric nervous system'라고 부른다. 이 장 신경계는 식도와 위, 소장, 결장에서 발견되는 5억 개의 뉴런, 신경 전달 물질, 그리고 단백질의 네트워크로 되어 있다. 이것은 중추신경계 외부에 많은 수의 뉴런이 모여 있는 유일한 것으로, 하나의 단일한 개체로서 기능하는 것으로 간주된다. 또한 뇌에 있는 것과 동일한 세포들과 복잡한 회로를 가지고 있어서 그것 자체로 독립적으로 활동하며 우리가 '직감gut feeling'이라고 부르는 것을 학습하고 기억하고 생성해 낼 수 있다.[1]

오픈 포커스 연습을 하면 억압된 감정을 깨울 수 있게 되는데, 보통은 사람들이 이 감정을 충분히 다룰 수 있을 정도로 온화하고 부드러운 방식으로 진행된다. 위 심리 치료사의 경우 위장의 느낌이 과거의 고통과 불안을 서서히 느끼고 기억해 내도록 해주었다. 이때 나타난 불편한 신체 감각을 해결하기 위해 그녀는 통증 해소를 위한 연습을 실시했다.(이 책 140쪽 참조) 이 연습은 그녀로 하여금 위장의 통증에 주의를 집중하되, 주의 방식을 좁은 대상형 주의 방식(오랫동안 자신의 통증을 멀리 두기 위해 사용해 온 방법)에서 통증을 향해 다가가 그것을 완전히 받아들이는 오픈 포커스 주의 방식으로 바꾸어주었다. 신체적 통증과 마찬가지로 감정적 고통 또한 더 큰 알아차림의 일부가 될 때 그것을 받아들이고 해소하기가 훨씬 쉬워진다. 주의를 전환하는 법을 배움으로써 우리는 신체적 통증 또는 감정적 고통에 녹아들어 그것을 해소할 수 있게 된다.

오픈 포커스 훈련을 계속 하다 보면 오랫동안 억압되어 있던, 때론 너무 깊이 숨어 있어서 자신도 알지 못하던 신체적·감정적 문제들이 의식의 표면 위로 떠오르기도 한다. 오픈 포커스 주의는 생리적으로 중립적이고 넓게 포괄하는 상태를 촉진하기 때문에 그런 느낌과 감정이 부드럽게 떠오르도록 돕는다. 더 강렬한 '방출 현상release phenomena'도 실제로 종종 일어나는데, 그것은 유쾌한 느낌일 수도, 불안한 느낌일 수도 있다. 따끔거리는 감각이나 근육 떨림, 통증, 땀 같은 신체 증상으로 나타날 수도 있다. 또한 기쁨의 파도나 감정적으로 충만한 기억처럼 특정 원인이 없어 보이는 자연발생적인 느낌으로 나타날 수도 있다. 이러한 느낌과 감정, 감각은 신체가 억눌려 있던 고통과 긴장을 부분적으로 내려놓는 데 따른 결과로 보인다. 오픈 포커스 주의 전략은 이런 방출 현상을, 그것이 일어나는 즉시 해소하는 데 적합하다.

우울증 다루기

토니는 심각한 자동차 사고를 당한 뒤 심한 우울증과 불안증을 겪고 있었다. 지나가던 트럭이 낮게 드리운 전선에 걸리면서 전신주를 쓰러뜨렸고, 전신주가 토니의 자동차를 덮치는 바람에 토니가 허리를 다친 것이다. 사고를 일으킨 트럭은 도주했고, 토니는 다른 운전자에게 발견될 때까지 차 안에서 꼼짝달싹 못하고 갇혀 있어야 했다. 이 사고로 토니가 겪은 신체적 통증은 그를 감정적으로도 깊은 수렁에 빠뜨렸다. 그는 자신의 불운에 크게 절망했고, 이는 그의 긴장과 불안을 더 악화시켰다. 그는 무기력하고 우울한 기분으로 집에서 누워 지내다시피 했다. 자신을 추슬러 일어나서 뭔가 해보겠다는 의지를 낼 수 없었다. 항우울제도 복용해 보았지만 소용이 없었다. 그때 심리 치료사가 바이오피드백을 권했다.

토니처럼 여러 증상이 함께 나타나는 경우 오픈 포커스 연습은 그중 가장 강렬한 감각을 먼저 다룬다. 가장 강렬한 감각이 완전히 사라지면 비슷한 종류의 덜 강렬한 감각들도 함께 사라진다. 가령 불안이 가장 강하게 느껴진다면, 나는 내담자에게 오픈 포커스 연습으로 자신의 몸 어디에서 그 느낌이 느껴지는지 찾도록 한 뒤, 그 모양을 느껴보고 그 강도도 1에서 10 사이에서 점수를 매겨보게 한다. 그런 다음 오픈 포커스 주의 기술로 그 느낌을 해소하도록 한다. 높은 강도의 불안감을 해소하다 보면 강도가 약한 불안감도 함께 해소된다. 또한 불안과 관련 있다고 생각하지 못했던 불쾌한 느낌들까지 사라지는 경우도 종종 있다.

토니의 경우처럼 우울증은 불안과 긴장을 동반하는 경우가 아주 많다. 나는 불안을 동반한 경우라면 우울증 치료를 위해 먼저 불안을 해소하는 방법을 사용한다. 불안과 우울은 복잡한 하나의 문제에서 비롯되는 경우가 많기 때문이다. 대부분의 우울증은 불안감을 통제하고 줄이려는 무의식적 시도—신체의 느낌을 반사적으로 부정하거나 회피함으로써—의 결과물이다. 그러므로 불안이 해소되면 더 이상 자신을 우울하게 만들 필요가 없어지는 것이다. 따라서 불안을 먼저 다루면 우울 증상이 저절로 나아지거나 오픈 포커스 연습을 통해 쉽게 해소할 수 있다. 어떤 경우라도 우울감이 사라지면 그 느낌에 대한 저항도 해소된다.

세 차례의 오픈 포커스 종합 훈련General Open-Focus Training 세션 후 토니는 불안을 해소하기 위한 통증 해소 연습을 실시했다. 첫 번째 세션에서 토니는 불안감을 약 15퍼센트 정도만 줄일 수 있었다고 말했다. 그다지 좋은 결과는 아니었다. 게다가 세션 직후 불안감이 고스란히 다시 찾아왔다. 토니는 여섯 번째 세션을 마치고 나서야 불안과 신체 통증의 상당 부분을 해소할 수 있었다. 통증의 강도를 1에서 10까지 점수로 표현해 보라고 했을 때, 토니는 여섯 번째 세션에서 만성적인 척추 통증이 6점에서 0점으로 완전히 사라졌다고 했다. 그리고 오른쪽 어깨의 통증 역시 4점에서 0점으로 완전히 사라졌다고 했다. 그 다음 일곱 번째 세션에서 토니는 '행복하다'는 느낌이 들기 시작한다고 말했다. 이것은 그가 우울증과 슬픔의 느낌을 완전히 해소하기도 전이었다. 아홉 번째 세션에서—우울감 해소를 위해 두 세션을 한 후—그는 통증에서 100퍼센트 회복된 느낌이 든다고 했다.

토니는 계속해서 우울과 슬픔의 느낌을 해소해 갔으며, 이것들 역시 0점으로 완전히 사라졌다. 그의 삶은 거의 정상으로 돌아왔으며, 열 번째 세션에서 토니는 자신이 이제 집안일도 하게 되었다고 했다. 사고 이후 한 번도 하지 못했던 일들이었다.

사고로 인한 토니의 신체 통증과 기타 증상들은 불안과 우울을 집중적으로 다루는 동안 대부분 호전되었다. 토니의 사례는 통증에 대한 좁은 대상형 주의가 통증 경험을 크게 악화시키는 반면 넓은 합일형 주의로의 전환은 아무리 극심한 통증이라도 완화시킨다는 사실을 보여준다. 치료를 시작할 때 토니에게는 많은 증상이 있었다. 척추와 어깨뼈의 통증, 처지고 무기력함, 목과 머리의 긴장, 감각의 마비, 척추 상부의 뜨거운 느낌뿐만 아니라 가슴속의 두려움, 도주한 트럭 운전사에 대한 분노, 악몽, 불면증(한밤중에 깨어나 다시 잠들지 못함), 그 밖의 부정적인 감정들이 함께 있었다. 이 모든 증상이 매일 집에서의 통증 해소 훈련과 연구소에서 하는 뇌파 동조 훈련을 통해 완화되거나 해소되었다.

불안을 동반한 우울증은 치료하기가 더 쉽다.(불안을 다루기가 더 쉽기 때문이다.) 그러나 불안 대신에 우울, 슬픔, 외로움, 절망감도 오픈 포커스 훈련을 통해 직접 해소할 수 있다.

물론 우울과 불안의 증상이 다시 나타나는 경우도 있다. 그러나 그것은 내담자가 만성적으로 쓰던 좁은 대상형 주의에서 얼마나 잘 빠져나와 안정적으로 오픈 포커스 주의로 옮겨가느냐에 따라 달라진다. 또 얼마나 자주 그리고 제대로 오픈 포커스 연습을 하느냐, 일상에서 오픈 포커스 주의 상태를 얼마나 잘 지속하느냐에 달려 있다.

우울과 불안은 오랜 기간에 걸쳐 뇌와 몸에 형성된 것이다. 그것은 유전적 성향이나 어린 시절의 강력한 환경적 영향에 그 뿌리가 있을 수도 있다. 내담자가 습관적으로 만성적인 좁은 초점 상태로 돌아갈 때면 이런 불안과 우울의 느낌이 다시 따라 나온다. 그래서 나는 내담자들에게 이런 부정적 느낌들을 하나의 신호로 사용할 것을 권한다. 다시금 불안하거나 우울한 느낌이 들 때 혹은 다른 불쾌한 감정이 올라올 때, 이런 경험을 (스트레스, 긴장 등 원하지 않는 느낌이 흩어지도록 해주는) 오픈 포커스로 돌아가라는 신호로 사용해 보라는 것이다. 그러면 고통은 하나의 피드백이 된다.

어느 정도 시간이 지나면 환자는 치료받으러 오는 횟수가 줄 만큼 충분히 좋아진다. 그때 우리는 내담자에게 그 불편한 느낌들에 기꺼이 마음을 열 수 있을 때까지, 그리고 집에서 스스로 그 불편한 느낌들을 해소할 수 있겠다는 자신감이 생길 때까지 억압된 감정의 해소 작업을 계속해 가기를 권한다.

트라우마, 외상후 스트레스 장애 다루기

———

베트남전 참전 용사인 롭은 워싱턴 D.C.에 있는 베트남전쟁 재향

군인기념관에서 딸에게 자신과 함께 전쟁에 참전했던 동료들의 이름을 보여주고 있었다. 참전 당시 롭은 주위의 동료 병사들이 참담하게 죽어가는 장면을 목격한 적이 있었다.

그날 그곳을 방문한 젊은 현역 군인 한 명이 롭이 딸에게 들려주는 이야기를 우연히 듣고는 롭에게 베트남전에 참전했었냐고 물었다. 롭이 그렇다고 답하자 젊은 군인이 악수를 청하며 이렇게 말했다. "고향에 오신 걸 환영합니다, 선생님." 그러자 롭이 갑자기 크게 흐느껴 울기 시작했다. 바닥에 쓰러지지 않게 옆에서 부축을 해야 할 정도였다. 한 시간이 지나서야 롭은 다시 걸을 수 있었다. 롭은 오랫동안 심한 트라우마를 몸과 마음 속에 담아두고 있었지만, 그날 그 일이 있기까지는 그것을 전혀 의식하지 못했다.

이 이야기는 우리가 트라우마 기억을 얼마나 오랜 기간 간직할 수 있는지, 또 얼마나 깊이 억압할 수 있는지를 보여준다. 오픈 포커스 훈련은 그런 억압된 감정을 자각하고 그런 감정이 올라올 때 해소할 수 있도록 도와준다. 당신은 이렇게 생각할지 모른다. "오랫동안 묵혀온 감정을 왜 끄집어내야 할까? 그것은 고통을 자초하는 게 아닐까?" 그러나 이런 문제들을 묵혀둔다고 해서 그 부정적 감정이 사라지는 것은 아니다. 이처럼 큰 트라우마를 억압하는 데 필요한 긴장과 에너지는 신체적으로나 심리적으로나 우리에게 엄청난 대가를 치르게 한다. 억압된 트라우마는 우리 삶의 거의 모든 면에 영향을 미친다. 이러한 긴장과 감정을 의식 표면에 떠올려 오픈 포커스 주의 기술로 해소할 때 우리 삶은 더 나은 쪽으로 바뀔 수 있다.

그리고 환자가 자신의 과거 트라우마 사건을 기억하거나 재현하지 않고도 오랫동안 잊고 있던 그 트라우마의 감정과 긴장의 찌꺼기를 해소하는 경우가 종종 있다. 이후로는 그 사건을 기억하더라도 그와 관련된 감정이나 긴장이 느껴지지는 않는다. 이것은 내담자가 감정적 고통을 신체 특정 부위에서 분명하게 자각할 때, 즉 감정적 고통이 '자신의 마음속에서만 경험되는 정신적 사건만은 아니라는' 것을 깨달을 때 가능한 일이다.

스트레스와 시각

우리가 엄청난 양의 감정적·신체적 통증과 긴장을 쌓아두는 또 다른 부위는 눈이다. 눈을 사용하는 방식 때문에 생기는 신체적 스트레스가 눈 자체에 변화를 일으키는 것이다. 진화적 관점에서 볼 때 대부분의 인류 역사에서 주의를 기울여온 방식은 지금과는 매우 달랐다. 수렵 채집 시대에 인간은 자신의 주의를 때에 따라 다양하게 변화시켰다. 넓은 시야로 지평선을 따라 사냥감의 움직임을 살폈다. 도구를 만들거나 그림을 그릴 때처럼 좁게 초점을 맞추는 것은 주의를 기울이는 방식의 일부분에 불과했다.

그러나 오늘날에는 이런 좁은 대상형 주의가 우리 삶을 지배하고 있다. 컴퓨터 앞에 오랜 시간 앉아 있다거나 공장 조립 라인에서 몇 시간씩 며칠이고 반복적으로 작업을 수행하다 보면 눈에 심한 긴장을 일으킬 수 있다. 보고 싶은 것보다 보아야 하는 것에 억지로 주의를 기울이게 되면 눈의 피로가 심해지고, 이것은 다시 두통이나 목과 어깨 통증 같은 증상을 유발한다. 올더스 헉슬리Aldous Huxley는《보는 기술The Art of Seeing》에서 이렇게 썼다. "대수학을 공부하는 아이는 의도적으로 주의를 기울이게 된다. 그러나 놀이를 하는 아이는 자연스럽게 주의를 기울인다. 의도적인 주의는 언제나 노력이 필요하며, 그것은 더 빠르게 피로를 일으킨다."

감정적 스트레스는 신체적 스트레스보다 눈에 훨씬 더 큰 영향을 준다. 눈은 우리가 세상을 살아가면서 두려움에 대응하고 안전을 확보하는 데 매우 중요하기 때문에, 눈 근육은 감정적 스트레스에 가장 민감하게 반응하는 근육 중 하나이다. (1장에서 소개한 카일이라는 남자아이의 예를 기억해 보자. 카일은 가정에서 아버지의 위협적인 행동 때문에 책읽기에 문제가 있었다.) 자라는 과정에서 우리는 누구나 주변 환경에서 불안이나 위협을 감지하는 때들이 있다. 이것은 만성적인 좁은 주의로 이어져 눈과 얼굴 근육에 긴장을 일으킨다. 이것은 안구의 움직임을 변형시키고 제한하며 시력에도 영향을 미친다. 우리는 눈 근육의 움직임을 어느 정도 자유자재로 통제하는 법을 배워서 눈의 긴장과 통증을 해소할 수 있다. 평생 동안 만성 스트레스로 인해 눈의 근육이 건강한 상태에서 벗어나 고착되고 뒤틀려 있는 경우가 많기 때문이다. 실제로 몇몇 연구자들은 눈의 긴장을 풀어주면 시력도 상당히 향상된다는 것을 오래 전부터 주장해 왔다.[2]

우리가 눈에 보이는 형상들을 선택하고 다루는 작업은 세 개의 정교하고 독특한 근육 시스템―하나는 안구 바깥에 있고, 둘은 안구 안쪽에 있다―에 의해 이루어진다. 홍채는 동공의 직경을 변화시켜 눈에 들어오는 빛의 양을 조절하는 내부 근육이다. 또 하나의 내부 근육 시스템은 수정체 주위의 반지 모양 근육인 모양체毛樣體라고 하는 것으로, 거리에 따라 물체에 초점을 맞추기 위해 수정체 모양을 조절하는 역할을 한다. 세 번째 근육은 눈의 공막(안구의 대부분을 싸고 있는 흰색의 막으로 눈의 흰자위에 해당하는 부분)에 부착되어 있는 것으로, 주변을 살피고 탐색하기 위해 여러 방향으로 눈을 돌리는 데 사용된다.

눈 안팎의 공간을 상상하는 오픈 포커스 연습을 통해 많은 내담자들이 근시나 다른 오래된 시력 문제가 개선되었다고 말한다. 때로는 매우 극적인 변화를 보이는 경우도 있는데(예컨대 시력이 0.1에서 0.5로 향상되는 경우도 있다), 이런 변화는 눈의 초점과 움직임을 제어하는 근육의 긴장이 이완되면서 생긴 결과로 보인다. 이마와 목, 얼굴의 근육―모두 좁은 초점을 유지하는 데 사용되는 부위이다―을 풀어주는 것도 시력에 도움이 된다.

눈은 현기증과도 관련이 있다. 짐은 만성적인 현기증과 시력 저하로 고생해 온 내담자였다. 오픈 포커스 훈련 세션을 몇 차례 받고 난 뒤 짐은 눈 뒤쪽의 긴장감을 알아차렸다. 다음 세션에서 그는 그 느낌(긴장감)에 다가갔고 그것을 해소할 수 있었다. 그 결과 시력 저하와 현기증이 완전히 사라졌다.

스트레스와 질병

────

스트레스는 면역계의 활동을 방해하는 주된 원인이다.[3] 여러 질병으로부터 우리를 보호해 주는 면역계가 스트레스로 인해 기능이 저하되면 건강에 매우 광범위한 영향을 미칠 수 있다. 반대로 주의 훈련으로 스트레스가 줄어들면 면역계 기능이 향상되어 다양한 증상을 완화시킬 수 있다.

켄트는 스트레스 관련 통증으로 나를 찾아왔다. 그는 만성적으로 심한 음식 알레르기도 갖고 있었다. 알레르기가 너무 심해서 먹은 것을 게우지 않으려면 매일 항히스타민 주사를 맞아야 했다. 놓아 기른 닭이라든지 유기농 현미와 시금치 같은 자극성 없는 음식만 먹을 수 있었다. 그나마도 자주 게워냈다.

생리적 증상 외에도 과거의 힘든 심리적 문제도 있었다. 어렸을 때 어머니가 돌아가셨고, 아버지는 거리감이 있는데다 많은 것을 요구하는 사람이었다. 그는 금융상담원으로 하루 종일 일을 하고 밤에는 야간 학교를 다녔다. 그는 모든 일에 완벽해야 한다는 사실에 불평하면서 이제 화가 나고 지쳐 어떻게 해야 할지 모르겠다고 했다.

켄트는 통증과 알레르기가 스트레스와 무관하다고 생각했고, 나하고 하는 치료 작업이 그 증상들에 도움이 될 거라고도 기대하지 않았다. 그런데 짧은 주의 훈련으로 켄트의 음식 반응이 호전되었다. 그는 1주일 동안 진행하는 심화 주의 훈련 세미나에 등록했다. 그 과정을 밟으며 켄트는 두려움과 분노의 감정이 올라오는 것을 보게 되었고, 그것들을 해소하는 법도 배웠다. 세미나 참석 이틀 후 기분이 좋아진 켄트는 나의 만류에도 불구하고 남은 프로그램 기간 동안 평소 복용하던 약과 주사를 끊기로 결정했다.(우리는 보통 내담자에게 심각한 부작용이 있는 약이 아니라면 굳이 서둘러 기존에 복용하던 약을 중단하지는 말라고 권한다. 약을 복용하는 환자는 그렇지 않은 환자보다 호전 속도도 느리고 효과도 더 적을 수는 있다. 그러나 오픈 포커스 훈련을 하고 나면 자연스럽게 약을 줄이거나 끊을 수 있게 된다.)

일주일이 다 지날 무렵 그는 알레르기 주사를 맞지 않았는데도 주사를 맞을 때처럼 상태가 괜찮았다. 게다가 이제는 세미나 전보다 훨씬 다양한 음식을 토하지 않고도 먹을 수 있었다. 이후 몇 주에 걸쳐 집에서 연습을 계속한 그는 자신이 먹고 싶은 음식을 거의 모두 먹을 수 있게 되었다.

켄트는 오픈 포커스 훈련을 하기 전에 받았던 알레르기 검사를 훈련 후에 다시 받았다. 놀랍게도 그는 여전히 수많은 음식 알레르기 목록에 대해 음성이 아닌 양성 판정이 나왔다. 어떤 것은 훈련 전보다 더 심해진 것도 있었다. 변한 것은 알레르기를 일으키는 물질에 대한 몸의 반응이었다.

오픈 포커스 훈련을 통해 뇌를 안정시키고 불안을 해소하면 강박 장애, 말더듬, 틱 장애, 투렛 증후군(틱 장애 중 눈 깜박임, 눈동자 굴리기, 코 씰룩임 등의 운동 틱과 기침 소리, 쿵쿵거리기 등의 음성 틱이 1년 이상 나타나는 신경 질환—옮긴이) 같은 문제를 다루는 데 도움이 될 수 있다. 이것들은 모두 불안이 큰 원인이 되는 증상들이다.

다양한 틱 증상을 보이는 젊은 남자 내담자가 있었다. 틱 장애가 있는 사람들은 대개 스트레스로 인해 증상이 더 악화되며, 남들 앞에서 틱 증상을 보이는 데 대한 수치심 때문에 더 불안감을 느낀다. 그리고 이 때문에 틱 증상이 더 악화된다. 그 젊은이는 많은 의사를 만났고 약도 이것저것 많이 복용했다. 그리고 마침내 리스페리돈 risperidone(상표명은 리스페달Rispedal)이라는 약을 발견했다. 이 약은 틱 증상을 완화시켜 주기는 했지만 그가 바라는 삶을 살 수 있을 정도로 충분하지는 않았다.

그는 나에게 쓴 편지에서 이렇게 말했다. "오픈 포커스 훈련을 시작하자마자 차이를 느낄 수 있었어요. 약 2주 정도 꾸준히 증상이 나아지는 걸 느꼈습니다. 증상이 훨씬 나아져서 저는 다시 학교에 가기 시작했고, 아주 오랜만에 삶을 즐기게 되었죠." 그는 틱 증상이 나타날 때마다 어떻게 불안을 해소하면 되는지 그 방법을 터득한 것이다. 그의 말이다. "틱 장애는 거의 다 나았어요. 약간 남아 있다곤 해도 예전처럼 심하지는 않아요.(90퍼센트는 감소했어요.) 100퍼센트 회복된 것은 아니어도 제 삶은 훨씬 더 즐거워졌습니다."

감정적 고통이든 신체적 통증이든 모두 '통증 해소' 오픈 포커스 훈련을 통해 나아질 수 있다.

통증 해소

오픈 포커스 상태로 전환하는 법을 배웠다면, 이제 그것을 신체
적·감정적 고통을 해소하는 데 사용할 수 있다. 오픈 포커스 상
태에서는 통증이 확장된 알아차림의 아주 작은 일부가 된다. 통
증은 더 이상 큰 문제가 되지 않고, 받아들이기가 더 쉬워지며,
따라서 쉽게 해소될 수 있다. 이 연습에서 우리는 확장된 알아
차림 속에서 통증에 더 가까이 다가가 마침내 통증이 흩어져 사
라지도록 하는 법을 배울 것이다. 오픈 포커스 상태에 머물면서 단
지 통증의 느낌을 받아들이는 것만으로도 통증이 해소되는 경우가
많다.

준비

불편함이 생길 수 있다는 사실을 받아들이며 조용히 앉는다. 두통이
나 근육 긴장, 불안 등 통증이 있다면 몸의 어느 곳에서 그 통증이 느
껴지는지 알아차린 다음, 그 느낌에 저항하지 말고 최대한 열린 마음

으로 그리고 직접적으로 그 통증을 느껴보라. 통증은 그것이 느껴지는 몸의 위치가 어디인지 정확히 찾은 후에야 해소될 수 있다.

유도문

먼저 감각을 살피는 것부터 시작하겠습니다. 감지되는 몸의 감각들을 마음속으로 부드럽게 살펴봅니다. 예를 들어 들려오는 소리가 있다면 그것에 주의를 기울여봅니다. 소리를 알아차리면서 동시에 소리가 일어나는 사이사이의 고요도 똑같이 알아차려 봅니다. 3차원 공간을 통해서, 소리가 내게 전해져 오는 방향을 알아차립니다. 이 알아차림이 깊어지도록 몇 초 동안 머물러봅니다.

이제 여기에 시각을 더해봅니다. 자신이 보고 있는 대상과 그 주변 공간을 알아차려 봅니다. 눈을 감고 있다면 마음으로 상상하고 있는 어떤 대상과 그 주변 공간을 알아차려 봅니다.

이제 맛을 알아차려 봅니다. 공간의 맛도 알아차려 봅니다. 이 경험이 깊어지도록 잠시 그 안에 머무릅니다.

이제 공간의 냄새까지 포함해 후각에 대한 알아차림을 더해봅니다. 이 경험과 함께 15초 정도 머무릅니다.

이제 생각과, 그 생각이 일어나고 머물고 사라져 들어가는 고요에 대한 알아차림을 더해봅니다.

이제 내가 지금 여기에 있다는, '현재'의 느낌을 더합니다. 이것은 내가 지금 경험하는 모든 감각이 지금 여기의 공간, 고요, 영원 속에 함께 어우러져 존재한다는 느낌을 뜻합니다.

이 넓은 주의의 중심에는, 몸의 현존에 대한 느낌, 우리가 몸 주위의 공간이라고 부르는 '텅 빔'에 대한 느낌, 그리고 우리 몸이 차지하고 있는 공간에 대한 느낌이 있습니다. 공간 속에서 모든 감각이 동시에 존재하는 것을 더 섬세하게 느낄수록, 그리고 그 느낌의 중심에 머물수록, 넓은 주의와 오픈 포커스 경험은 더욱 깊어질 것입니다.

이렇게 넓어진 알아차림의 중심을 이제 통증에 둔다고 상상해 봅니다. 듣고, 보고, 맛보고, 냄새 맡고, 생각한 모든 감각 대상들과 그것들이 차지하는 공간까지 넓게 알아차린 상태에서, 통증이 차지하는 공간, 그리고 통증 주위의 공간까지 느껴봅니다.

이제 통증을 더 느끼면서 자신의 의식이 통증을 통과해 넓게 확산되도록 합니다. 아니면 통증이 의식을 통과해 확산되도록 해도 좋습니다. 통증에 몸을 푹 담근다고 상상합니다. 통증을 더 느낌으로써─덜 느끼는 것이 아니라─통증이 확산되도록 합니다. 통증이 몸 주변의 공간 속으로 퍼져나가게 합니다. 억지로 애쓰지는 않습니다. 통증의 느낌을 받아들이는 상태가 되면 통증은 자연스럽게 확산될 것입니다.

당신은 이제 의식(알아차림)의 범위를 더욱 넓혀서, 통증을 그 확장된 의식의 조그만 일부가 되게 했습니다. 통증은 더 이상 당신의 의식을 온통 에워싼 전부가 아니라 작은 부분이 되었고, 더는 큰 문제도 아니게 되었습니다. 초점을 확장하면 통증 속으로 더 편안히 들어갈 수 있고 통증을 더 잘 느낄 수 있습니다. 대부분의 사람들이 통증을 피하려고 하는 것은 당연합니다. 그러나 통증을 견딜 수 없게 만드는 것은 우리가 통증에 좁게 초점을 맞추고 있기 때문입니다. 그것은 통증이 우리의 의식을 완전히 지배하게 만듭니다. 우리가 자신의 의식을 활짝 열어놓을 때 통증은 전체 경험의 작은 일부가 되고 덜 위협적이 됩니다. 그럴 때 우리는 통증과 하나가 되고 통증이 몸 주변으로, 공간 속으로 확산되는 것이 더 이상 두렵지 않게 됩니다.

이 연습의 목표는 우리의 의식을 활짝 열어 통증의 한가운데로 들어간 뒤 그것을 통과해 지나가는 것입니다. 그리고 통증에 대한 알아차림을, 훨씬 더 개방되고 확장된 의식 속으로 흘려보내 흩어버리는 것입니다. 이 과정을 통해 통증이 완전히 그리고 즉시 사라지지 않았다면, 통증의 한가운데로 다시 들어갑니다. 어떤 사람은 한두 번 만에 통증이 사라지는가 하면, 어떤 사람은 더 많은 연습이 필요한 경우도 있습니다.

일상 생활을 하면서도, 통증 안팎의 공간이나 여타 다른 감각들에 대한 느낌을 유지함으로써 통증을 해소할 수 있습니다. 전화를 하거나 장을 보거나 식사 준비를 하면서도 할 수 있습니다. 그러나 운전 중일 때처럼 위험할 수 있는 상황에서는 이 통증 해소 연습은 하지 않는 것이 좋습니다.

CHAPTER 7

사랑은
주의를 기울이는
하나의 방식이다

The Open-Focus BRAIN

7

사랑은 주의를 기울이는
하나의 방식이다

페미 박사님께,

제게 일어난 일을 어떻게 말씀드려야 할까요? 박사님과 오픈 포커스 연습을 한 뒤 저의 온 존재가 갑자기 사랑으로 가득 찼어요. 그 경험이 너무 강렬해서 나는 박사님 사무실 뒤편 숲 속에서 땅에 드러누운 채 나무들 사이로 언뜻 보이는 하늘을 오랫동안 올려다보았답니다. 무조건적인 사랑으로 충만해져서, 우주 전체와 그리고 그 안의 모든 이와 모든 것에 사랑을 느끼면서 말이에요. 우주적인 오르가즘이라고나 할까요? 아니면 굉장한 절정 경험? 이것이 내 뇌파가 동조 상태에 있었기 때문에 일어난 일인가요?

박사님께서 이것을 과학적으로 설명해 주셨으면 좋겠어요. 이건 잊을 수 없는, 정말 대단한 경험이었어요. 그런 경험을 하게 해주신 박사님께 감사드립니다.

고마움을 담아,

루이자

마틴은 뉴욕의 주식 채권 중개업체에서 초급 관리자 수십 명을 감독하는 중간 관리자이다. 그는 자기 일을 좋아했고 꽤 성공도 거두었지만, 가정은 그렇지 못했다. 마틴은 가정 생활이 불만족스러웠으며, 아내와 아이들과 함께 있을 때면 늘 화가 났다. 그는 집안의 사소한 일에도 과잉 반응을 했고, 그것을 알면서도 자신을 통제할 수 없었다. 아이가 문을 세게 닫거나 물건을 쓴 뒤 제자리에 돌려놓지 않으면 마틴은 필요 이상으로 화를 냈다. 그는 만성 요통과 고혈압, 두통에 시달렸는데 집에서는 이 증상들이 더 심해졌다. 가정 생활이 너무 불행했기에 그는 퇴근 후 집으로 돌아오는 것이 두려워 직장에서 근무 시간보다 오래 일을 했다. 그는 아내와 이혼하고 가족을 떠나고 싶다는 생각이 강박적으로 들었다.

어느 날 마틴은 아내의 권유로 뉴로피드백 및 오픈 포커스 훈련에 참여했다. 첫 훈련 세션 후 마틴은 자신의 태도가 약간 긍정적으로 바뀌고 화도 좀 덜 낸다는 걸 알아차렸다. 몇 주에 걸쳐 집에서도 훈련하고 몇 차례 뉴로피드백과 오픈 포커스 세션도 받고 나자 마틴은 자기 삶에 근본적인 변화가 일어나고 있다는 걸 깨닫기 시작했다. 감정 반응이 크게 감소했고, 사소한 일에 짜증을 내는 일도 현저히 줄어들었다. 불안도 줄고, 불같이 화를 내는 일도 없어졌다. "날이 선 성격이 부드러워졌다고나 할까요?" 마틴의 표현이다. 이제 마틴은 직장에서건 집에서건 더 따뜻하고 정감 있는 사람, 더 편안하고 개방적인 사람이 된 것 같다고 했다.

이제 그는 자신이 어떻게 주의를 기울이고 있는지에 주의를 기울였다. 그리고 운전이나 독서, 심지어 다른 사람과 대화 중에도 유연하게 여러 가지 주의 기술을 사용할 수 있다는 걸 알게 되었다. 예를 들어 동료와 대화하는 중이라면 마틴은 주의를 이완시켜 훨씬 편안한 방식으로 이야기했다. 주식 가격이 떨어지고 있어 주의를 기울일 필요가 있을 때면 거기에 좁게 초점을 맞추었다가, 그 일이 지나고 나면 즉각 초점을 넓혔다. 그러고 나면 하루 일이 끝날 무렵에도 지쳐 떨어지는 일이 없었고, 원하면 더 오래 일할 수도 있었다.

무엇보다 중요한 것은 그가 이제 가족들과 함께 있고 싶어 한다는 점이었다. 가족들과의 관계가 더 따뜻해지고 부정적인 생각도 사라졌다. 아내와 아이들의 행동도 이제 예전만큼 눈에 거슬리지 않았다. 이혼 생각도 접었다. 몇 년 만에 처음으로 마틴은 상황에 대처하면서 부정하거나 도망가거나 물러서지 않았다. 다만 자신의 주의 방식을 바꿀 뿐이었다. 그리고 가정 문제 대부분이 아내와 아이들의 행동 때문이 아니라 그들에 대한 자신의 반응 방식 때문에 생긴 일이었다는 사실도 깨닫게 되었다.

좁은 대상형 주의라는, 스트레스가 많은 비상 모드 하에서 계속 살아온 것이 그가 모든 일에 늘 과잉 반응하게 된 원인이었다. 그것은 특히 그가 가장 소중하게 여기는 관계들을 망가뜨리고 있었다. 이처럼 다른 사람을 사랑하는 일조차도 우리가 주의를 기울이는 방식에 달려 있는 것이다.

어릴 때 형성되는 주의 습관

우리의 경험 회피 패턴은 유전이나 환경 조건에 따라 어릴 때부터 형성된다. 아무것도 모르는 갓난아이가 뜨거운 난로나 날카로운 물건을 피하는 법을 배우듯이, 우리는 아동기 후반에 좁은 대상형 주의 방식을 개발시킴으로써 고통스러운 감정 경험을 피하는 법을 배운다. 그러나 불행히도 좁은 대상형 주의는 고통의 느낌을 증폭시키는 비상시 주의 모드이다. 이 주의 방식에서 우리는 반사적으로 근육을 긴장시키고, 초점을 통증이 아닌 다른 쪽으로 돌려 통증을 억누르려고 시도한다.

시간이 지나면서 이 고통스러운 기억들은 쌓이고, 우리는 좁은 대상형 주의에 '중독'된다. 좁은 대상형 주의로 우리는 고통을 피하거나 멀리할 수 있다고 생각할 뿐 아니라 이것이야말로 괴로운 경험이 의식의 표면에 떠오르지 않게 하는 유일한 방법이라고 여긴다. 그러나 좁은 대상형 주의에서 생기는 긴장은 만성적이고 전반적인 것이라서 우리는 이 과정에서 불쾌한 감정만 회피하는—그것도 일시적으로—것이 아니라 즐거운 감정도 막아버리게 된다. 만성적으로 좁은 대상형 주의 방식을 사용해 세상을 인식할 경우, 우리는 세상과 하나가 되는 것이 아니라 자신을 세상과 분리시킴으로써 참된 경험을 할 수 없게 된다. 이때 우리는 자신과 자신 이외의 모든 것 사이에, 또 우리의 가슴과 통제하려는 마음 사이에 엄격한 구분을 짓게 된다.

스트레스와 과거의 감정적 상처를 몸과 마음에 담아두면 우리의 지각이 왜곡된다. '어두운 안경을 쓰고' 세상을 바라보게 되는 것이다. 이제 세상은 실제보다 더 두려운 곳, 우호적이지 않은 곳으로 인식된다. 우리는 희생자가 되었다고 느끼고 모든 수준에서 잘못된 결정을 내린다. 질투, 분노, 미움, 불신, 두려움, 외로움, 편집증도 주로 우리가 지니고 있는 감정적 짐 때문에 생긴 결과이다. 우리가 주의를 기울이는 과정의 핵심에 바로 이런 역설이 있다. 즉 이런 불쾌한 느낌들을 회피하려고 애쓸수록 실제로는 그런 느낌들이 더 커진다는 것이다.

우리는 자신의 머릿속에서 산다. 자신의 생각, 자신이 보고 듣는 것에만 거의 전적으로 좁게 주의를 집중한다. 그럴 때 우리는 그것을 '느낄' 수 없다. 머리로 하는 지적인 이해는 실재의 흐릿한 복제물에 불과하다. 인간으로서 사랑과 기쁨을 온전히 경험하는 것이야말로 진짜다. 우리는 합일union을 원한다. 우리는 다른 사람들과 또 주변 세계와의 깊은 관계를 갈망한다.

더 깊고 더 만족스러운 합일의 경험을 하고자 한다면 우리는 배타적인 주의 방식을 내려놓고 포괄적이고 합일적인 주의 방식을 키울 필요가 있다. 사랑이란 주의를 열고 자신이 하고 있는 경험 속에 녹아들어 스스로를 잃어버리는 것이다. 오픈 포커스 훈련은 우리로 하여금 내려놓고, 표현하고, 주고, 받아들이며, 합일되게 한다. 익숙하게 들리는가? 우리의 목표는 더 큰 뇌파 동조를 촉진하는 것이며, 이는 곧 자신을 열어 다른 존재와 하나가 된다는 말과 같다. 넓은 합일형 주의 방식은 좁은 대상형 주의를 남용한 데 따른 분리감, 외로움, 소외감을 해결해 준다. 편향되고 경직되게 주의를 기울이는 것이야말로 인간의 불행과 고통의 주된 원인이다.

사랑은 우리의 우뇌를 일깨워 우리가 주로 사용하는 좌뇌와 균형을 이루게 한다. 그것은 우리의 본성인 감정적·공감적·영적 측면을 일깨워 작동시키는 일이기도 하다. 우리가 다른 사람의 고통이나 기쁨에 공감하고 이를 깊이 이해할 때, 우리 자신의 이러한 측면이 두드러지게 ─ 구체적으로는 연민으로 ─ 드러난다. 그것은 우리가 그 느낌에 공명하고 그 느낌과 같은 파장에 있기 때문이다. 오픈 포커스 훈련은 이러한 사랑과 연민을 깨닫도록 도와준다.

주의와 결혼

마가렛은 편두통 치료를 위해 나를 찾아왔다. 그런데 이야기를 하던 중 그녀는 집에서 겪고 있는 몇 가지 문제를 털어놨다. 남자 친구인 제임스는 마가렛과 결혼을 하고 싶어 했지만, 그녀는 제임스의 덜렁대는 성격과 제멋대로 구는 행동에 화가 나 있었다. 마가렛에게 그건 자신을 무시하는 것으로 해석되었다. 마가렛은 제임스에게 잘하고 싶지 않았다. 자신이 받아들여지기는커녕 잔소리만 듣는다고 느낀 제임스도 마가렛의 불만에 귀를 막아버렸다. 두 사람 모두 좁은 초점 상태에서 자신의 불만만 토로하며 끝없이 그 불만을 되새겼다. 둘은 점점 사이가 멀어졌고 관계가 곧 끝날 위기에 처해 있었다. 마가렛은 자신의 상황에 대해 이야기하고 나선 이렇게 말했다. "그런데 난 여기 편두통을 치료하러 온 거예요."

몇 차례 오픈 포커스 훈련만으로 마가렛은 두통이 줄어들기 시작해 마침내 거의 사라졌다. 나는 그녀가 나를 찾아와 두통에서 해방되어 얼마나 좋은지 이야기하던 날이 기억난다. 그런데 놀랍게도 그날 그녀는 오픈 포커스 훈련을 하고 나서 남자 친구랑 관계가 전과 아주 달라졌다는 말을 덧붙였다. 남자 친구와 감정적으로 더 친밀감을 느꼈고, 자신의 삶과 주변 세상과의 관계도 훨씬 편안해졌다고 했다. 제임스의 덜렁대는 성격도 더 이상 큰 문제가 되지 않았고, 바닥에 널브러진 옷가지며 소파에 아무렇게나 던져놓은 신문도 거슬리지 않았다. 예전보다 그녀의 잔소리는 당연히 줄었고 제임스도 그녀에게 덜 들볶인다고 느꼈다. 그의 덜렁대던 행동도 많이 줄어들었다. 제임스의 행동이 나아지자 마가렛은 고마운 마음이 들면서 그에게 더 사랑을 느꼈다. 간단히 말해 그들은 다시 '연결'되었고, 이에 제임스는 마가렛을 행복하게 해주고 싶다는 마음이 커졌다.

이런 '해피 엔딩'은 사람들 사이의 관계를 치유할 때 제일 먼저 할 일이 관계 당사자들로 하여금 서로에 대한 수용적 태도는 키우는 반면 자신의 감정 반응은 줄이는 방향으로 주의를 기울이게끔 가르치는 것임을 깨닫게 한다. 오픈 포커스 훈련은 관계를 맺고 있는 두 사람 모두의 감정적 반응을 줄여준다.

감정적으로 연결되어 있는 사람들이 같은 '파장'에 있다는 개념은 실제로도 확인되는 현상이다. 실험의 일부로서, 나는 한 쌍의 부부를 동일한 바이오피드백 장치에 연결시킨 채 서로 다른 방에 있게 했다. 두 사람은 동시에 동조 상태의 알파파를 생성하는 경우에만 소리와 불빛으로 피드백을 받았다. 30분 만에 부부는 피드백이 일어나게 하는 법을 터득했다. 훈련 세션이 끝난 뒤 부부는 끈끈한 유대감을 느끼는 것을 말하는 '허니문 반응'을 언급했다. 과거 어느 때보다 감정적으로 더 친밀해진 느낌을 받았다는 것이다. 지금은 이 방법을 부부 외에 부모와 자녀, 감독과 선수, 팀원들, 교사와 학생의 관계 등에도 적용하고 있다. 텍사스 주 댈러스에 있는 심리학자이자 변호사인 로버트 고든Robert Gordon 박사는 소송의 당사자들에게 이 동조 훈련을 적용함으로써 갈등을 해결하는 데 도움을 주고 있다. 오픈 포커스 연습을 두 사람이 함께 실시하면 뉴로피드백 장치가 없이도 비슷한 결과를 얻을 수 있다.

오픈 포커스 부부 치료

다른 부부 상담에서처럼 오픈 포커스 부부 치료도 두 사람이 자신의 증상과 불만을 이야기하는 것으로 시작한다. 서로의 입장에서 생각하는 능력을 상실한 부부는 상대방의 말을 듣지 않고 방어적이 되며 거리감을 느끼게 된다. 이때 치료사가 할 일은 서로 소통하고 싶다는 마음이 들도록 부부를 도와서 분리감 대신 공감을 나눌 수 있도록 하는 것이다.

전통적인 부부 치료에서는 부부간에 서로 적응이 안 되는 패턴을 먼저 확인한다. 그런 뒤 통찰과 서로 공유할 수 있는 표현을 통해 과거의 갈등과 고통에서 벗어나게 할 더 나은 소통 기술을 확립하도록 도와준다. 우리 프린스턴 바이오피드백 클리닉의 스태프들도 이와 똑같은 일을 하는데, 다만 우리는 오픈 포커스 기술을 먼저 가르친다. 마가렛의 예가 보여주듯이 두 사람 사이의 불만은 종종 한쪽이 (혹은 양쪽 모두가) 오픈 포커스 연습으로 생리적으로 안정되고 나면 사라진다. 이때 뇌파 동조를 위한 뉴로피드백 훈련은—물론 이것이 그 과정을 돕는 효과적인 수단이기는 하지만—선택 사항이 된다.

불편한 관계가 악화될수록 당사자들은 점점 더 자신의 고통에 빠져들어 좁은 대상형 초점 상태에 갇혀버리고, 이에 그들은 더 민감해지면서 쉽게 과잉 반응하게 된다. 그렇게 되면 상대에게서 위로를 구하거나, 상대의 입장을 살펴보거나, 공정하게 또는 신중하게 행동하거나, 상대방과 동화되려는 노력을 꺼리거나 아예 할 수 없게 된다. 그러나 자기에게만 집중하던 주의 방식을 내려놓고 그것을 넓혀 상대와 합일하는 기술들을 배울 때 자연스럽게 상대방에 대한 연민이 일고 연결이 다시 이루어지는 것을 알게 된다. 오픈 포커스와 뇌파 동조 훈련은 이 과정을 더 촉진시키고 안내하며 강화한다.

　오픈 포커스 훈련을 하는 과정에서 부부는 서로의 차이점에 대해 이야기한다. 이런 이완된 주의 상태에서는 상대의 말을 들을 때 더 크게 공감하고 더 작게 반응할 수 있다. 신체적·감정적 고통이 풀어지지 않거나 강도가 더 높아지기 시작할 때는 앞서 소개한 통증 해소 기술로 그것을 흩뜨린다. 부부 치료에서는 서로에게 상처가 되는 말을 종종 하게 되는데, 그 말의 필요성과는 무관하게 그로 인한 고통은 서로간의 소통을 차단시켜 버린다. 오픈 포커스는 부부가 소통의 문을 열어놓은 상태에서 각자가 진실이라고 생각하는 것을 말할 수 있게 한다. 이것은 두 사람 모두, 상대방의 말을 듣고 이해하며 깊이 받아들이는 자신들의 능력과 의지를 방해하는 어떠한 고통도 오픈 포커스 훈련을 통해 해소할 수 있다는 걸 알기 때문이다.

상상할 수 있는가?

──────

　주의를 기울이는 방식은 사람들과의 관계뿐 아니라 우리 내면과 외부의 세계를 지각하고 그 안에서 살아가는 방식까지도 변화시킨다. 심리학과 신경생리학의 관점에서 시각을 연구하는 애리조나 주 프레스콧대학교의 로라 시월Laura Sewall 박사는《시각과 감수성: 지각의 환경심리학*Sight and Sensibility: The Ecopsychology of Perception*》이라는 책에서 시각 치료 연습으로 시력을 변화시킨 자신의 경험을 이야기했다. 근시가 호전되면서 그녀는 주변 경관이 더 분명하고 생생하게 보일 뿐 아니라 세상과의 관계도 향상되었다고 말한다. 그녀의 말이다.

"한 달 정도 지나서 나는 강렬한 네온 빛을 순간적으로 보았다.…… 연습을 거듭함에 따라, 즉 새롭게 드러난 세상의 멋진 모습을 초연하게 바라보게 될수록, 찰나의 순간은 장시간 지속되는 풍성한 인식으로 바뀌어갔다. 상상력은 더 강렬하고 분명해졌으며, 나는 내가 보고 싶은 것은 무엇이든 마음에 그릴 수 있었다. 이제 세상은 새로운 울림으로 빛나기 시작했고, 도시의 풍경과 로스앤젤레스, 그리고 세상의 모든 것에 대한 나의 저항감은 줄어들었다. 나는 눈앞에 펼쳐진 세상의 모든 것을 더 수용적으로 바라볼 수 있게 되었다.…… 두려움은 과거 삶 속으로 사라졌다.…… 나는 세상과 사랑에 빠졌고, 어떻게 시각의 열림이 내 안에 있는 감각과 감정의 혼합물을 일깨워내고 있는지 무척 궁금했다."

이 경험이 너무 강렬했던 나머지 시월은 자신의 경험을 이해하기 위해 대학에 돌아가 신경심리학 박사 학위까지 땄다. 오픈 포커스 훈련을 하는 이들도 이와 똑같은 경험을 한다.
사랑은 두 사람 사이의 로맨틱한 감정 이상의 것이다. 그것은 우리의 모든 경험과, 그리고 세상 전체와 맺는 관계이다. 그러나 여러 문화권에서, 특히 우리 문화권의 많은 사람들은 세상을 단지 '저기 바깥에' 있는 장소, 두렵거나 이용당할지 모르는 위험하고 의심스러운 곳으로 간주한다. 우리는 세상과 합일하기보다 세상을 대상화한다. 우리가 주의를 기울이는 방식을 바꿀 수 있다면 지구를 포함해 우리가 맺고 있는 모든 것들과의 관계도 변할 것이다. 우리는 자연 환경으로부터 동떨어진 존재가 아니라 그것의 일부가 되어, 그것에 깊이 뿌리 내리고 그것과 진정한 합일에 이를 수 있다. 이것이 바로 이 장 앞부분의 루이자의 편지에서 말한, 모든 것을 아우르는 무조건적인 사랑이다.

우리가 모두 고통과 불안, 두려움, 지루함, 불확실성, 권태를 해소시키며 오픈 포커스 상태로 사는 세상을 상상할 수 있는가? 자유롭게 사랑하고 사랑받는 것을 상상할 수 있는가? 세상을 대상화시켜 그것으로부터 분리되는 것이 아니라 그것과 하나가 되는 것을 상상할 수 있는가? 이 세상이 경이로운 곳이 될 수 있고 실제로 그런 곳이라고 느끼고 경험하는 모습을 상상할 수 있는가? 우리는 이러한 변화에 충분히 가까워져 있다. 그리고 그 변화는 이제 우리에게 친숙해진 질문, "지금 주의를 어떻게 기울이고 있는가?"에서 시작한다.

심장 중심의 오픈 포커스

인간의 심장은 전신에 피를 순환시키는 기계적인 펌프 이상의 것이다. 4만 개의 뉴런을 갖고 있고 뇌보다 몇 배나 더 강력한 전기장을 만들어내는 심장은 그 자체로 강력한 지능을 갖고 있다고 할 수 있다. 심장이 가진 뉴런과 신경 전달 물질의 정교한 네트워크 덕분에 심장은 뇌와 별개로 움직일 수 있다. 몇몇 연구자들은 심장이 자기 스스로 학습하고 기억하고 감정을 만들어 낼 수 있다고 믿고 있다.[1] 심장으로부터 뇌로 전해진 감정 정보는 우리의 지각과 사고 과정, 건강, 학습 능력, 그리고 특히 연민과 공감을 느끼는 능력에 영향을 미치면서 고도의 뇌 기능에 심대한 영향을 준다. (연구에 따르면 뇌가 심장으로 보내는 정보보다 심장이 뇌로 보내는 정보가 더 많다고 한다. ─옮긴이)

분노, 불안, 우울은 심장에 스트레스를 줘 심장병을 일으키는 주요한 요인이다.[2] '가슴이 무너진다broken heart'는 표현은 단지 비유적인 의미만이 아니라 말 그대로의 진실을 담고 있다. 뇌와 심장이 생리적으로 연결되어 있기 때문에 뇌파 동조는 뇌 건강만큼이나 심장 건강에도 중요하다.(뇌와 신경 분야를 연구하는 조 디스펜자 박사에 따르면, 심장과 뇌 사이의 동조성이 높아지면 몸 속 기관들에서만이 아니라 몸 주변의 전자기장에서도 일관성이 형성되고 균형을 갖추게 된다고 한다.—옮긴이) 심장 중심의 오픈 포커스 연습은 심장이 스트레스로부터 회복하는 데 도움을 준다고 보고되고 있다. 이 심장 중심 오픈 포커스 연습은 개인과 커플, 그룹 모두에 도움을 줄 수 있다.

준비

눈을 감고 허리는 바로 세운 채 편안하게 이완한다.

자신의 상상력이 애씀 없이 자유롭게 일어나도록 허용한다.

거리나 부피를 마치 공간을 경험하는 것처럼, 예를 들어 손가락 사이의 공간이나 손가락이 차지하고 있는 공간을 느끼는 것처럼 그렇게 경험해 본다.

자신의 주의를 느낌, 특히 공간에 대한 느낌에 집중하도록 한다. 그와 동시에 또 다른 감각 경험을 알아채고, 그 경험을 둘러싼 공간까지 자신이 기울이고 있는 주의의 주변부나 배경 속에 포함시킨다.

모든 감각들을 둘러싼, 또한 그것들을 관통하고 있는 공간을 느끼는 데 주의를 집중해 본다.

처음에는 신체 부위 하나하나의 공간에만 좁게 주의를 기울일 것이다.

연습을 계속해 가면서 유도문이 하나씩 추가될 때마다 주의가 더 확장되어 갈 것이다. 즉 각각의 신체 부위 안팎의 공간들이 하나의 전체 공간에 대한 느낌 속에 더해지도록 주의를 확장시켜 나아갈 것이다.

그리고 몸이 차지하고 있는 공간, 몸 주변과 몸을 관통하고 있는 공간을 느끼면서, 몸 전체가 여기에 현존한다는 것을 느끼는 데까지 나아가 볼 것이다.

유도문

심장과 심장이 차지하고 있는 공간, 심장 주변과 그것을 관통하는 공간을 느껴봅니다.

내 몸이 차지하고 있는 공간에서 심장의 위치를 느껴봅니다.

심장과 가슴뼈 사이의 공간을 느껴봅니다.

심장과 등뼈 사이의 공간을 느껴봅니다.

심장과 목구멍, 심장과 입 사이의 공간을 느껴봅니다.

심장에서부터 위장 속 공간까지의 거리를 떠올려봅니다.

심장과 양쪽 갈비뼈 사이의 공간을 느껴봅니다.

심장에서부터 코, 비강, 목구멍, 기관지, 폐 속 공간까지의 거리를 느껴봅니다.

심장에서부터 입, 목구멍, 위장 속 공간, 그리고 하부 소화계까지의 거리를 느껴봅니다.

심장과 허리 사이의 공간을 상상해 봅니다.

심장에서부터 배꼽과 등뼈 사이에 있는 부위까지의 공간을 상상해 봅니다.

심장과 척추뼈 하단부 사이의 공간을 느껴봅니다.

심장과 두 엉덩이 사이의 공간을 상상해 봅니다.

심장과 엉덩이, 허벅지, 무릎, 종아리, 발목, 발, 발가락 사이까지의 공간을 떠올려봅니다.

심장과 겨드랑이 사이의 공간을 상상해 봅니다.

심장에서부터 어깨, 팔뚝, 팔꿈치, 손목, 손, 손가락 사이의 공간을 상상해 봅니다.

심장을 관통해 흐르는 공간, 그리고 발바닥과 손바닥을 관통해 흐르는 공간을 동시에 느껴봅니다.

심장과 어깨뼈 사이의 공간을 느껴봅니다.

심장과 입술, 혀, 이, 잇몸 사이의 공간, 입과 뺨 사이의 공간을 떠올려봅니다.

심장과 양 볼 사이의 공간을 상상해 봅니다.

심장과 턱 사이의 공간을 느껴봅니다.

심장과 귓속 공간까지의 거리를 상상해 봅니다. 그리고 심장에서 두 귀 사이 공간까지의 거리를 상상해 봅니다.

심장에서부터 양쪽 관자놀이까지의 거리를 느껴봅니다. 그리고 심장에서 양쪽 관자놀이 사이 공간까지의 거리를 떠올려봅니다.

심장에서부터 두 눈의 거리를 떠올립니다. 그리고 심장에서 두 눈 사이에 있는 공간까지의 거리를 느껴봅니다.

심장에서부터 눈꺼풀과 눈썹, 이마 사이의 공간을 상상합니다.

심장에서부터 뒤통수와 정수리, 머리의 양 측면 사이에 있는 공간을 떠올려봅니다.

심장과, 얼굴을 포함한 머리 전체 사이의 공간을 상상해 봅니다.

심장과 온몸의 피부에 닿아 있는 공기 사이의 공간을 상상해 봅니다.

심장이 마치 온 사방으로 끝없이 펼쳐진 공간 위에 떠 있는 원자들의 구름 같다고 상상해 봅니다.

심장 주변의 공간이 심장을 관통하는 공간과 이어져 있다고 느껴봅니다.

이 순간 느낌이 알아차려지는 지점과 심장 사이의 거리를 느껴봅니다.

인식의 구름과 심장을 이루는 원자들의 구름이 서로 마주보며 떠 있다고 상상해 봅니다. 그리고 인식과 심장, 그리고 공간이 합쳐져 하나의 구름이 된다고, 다시 말해 하나의 느낌으로 경험된다고 상상해 봅니다.

지금 이 순간 느껴지는 모든 감정과 몸의 감각이 공간 속에 떠 있는 구름처럼 경험된다고 상상해 봅니다.

이제 이 감정과 감각의 구름이, 공간 속에 하나되어 떠 있는 인식과 심장의 구름에 결합된다고 상상해 봅니다.

이제 보는 것, 듣는 것, 맛, 냄새, 생각, 시간 감각 등 여러 감각들을 관통해 흐르는 공간을 떠올려봅니다.

이런 여러 감각들의 구름이 다시 아까의 그 인식과 심장, 공간의 구름과 하나로 합쳐진다고 상상해 봅니다.

눈을 뜨면 보게 될 것들을, 지금의 확장된 주의 상태를 유지하면서, 심장에 주의를 모은 채로 바라보는 모습을 상상해 봅니다.

이제 실제로 눈을 뜹니다. 눈앞의 대상들과 공간을 관통해서 보면서, 이 시각 경험을 '심장 중심의 오픈 포커스 주의' 속으로 가져옵니다.

이 심장 중심의 다중 감각적 주의를 통해서 공간이 사방으로 확장되는 것을 느껴봅니다.

이제 애쓰지 않고도, 눈에 보이는 모든 대상들과 공간에 동시에 주의를 기울이는 '심장 중심의 오픈 포커스' 상태로 일상의 활동을 해나가는 것을 그려봅니다.

이 연습을 적어도 하루에 두 번씩 해나갑니다.

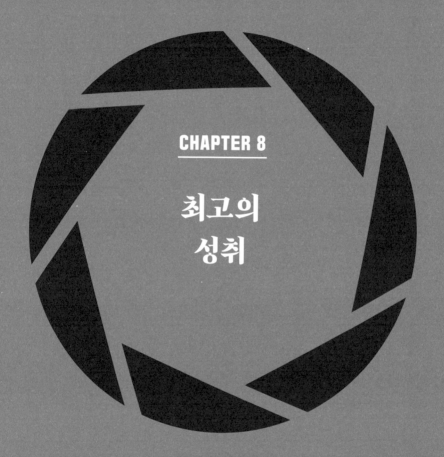

CHAPTER 8

최고의
성취

The Open-Focus BRAIN

최고의 성취

> "가치 있는 일이라면 어떤 일이건 애쓰지 않고도 할 수 있다."
>
> —익명

토머스는 트럼펫 연주에 열정이 있었다. 그는 브로드웨이 공연과 극장식 식당에서 연주를 했다. 하지만 그가 진짜 좋아하는 것은 재즈와 블루스였다. 뉴욕 라이브 클럽들의 여러 밴드에서 연주를 했는데, 나이가 들면서 그런 연주 생활이 점점 불안해졌다. 새로운 공연이 있을 때마다 새로 오디션을 치러야 했고, 때로 솔로 무대에 서기 위해 기다릴 때면 불안이 극에 달해 연주를 망치기도 했다.

우리 클리닉을 찾아온 토머스는 수행 불안performance anxiety과 주의력결핍장애 진단을 받았다. 토머스는 집과 연구소에서 오픈 포커스 훈련을 하면서 나름대로 자기만의 연습법을 만들었다. 뉴로피드백 장치 앞에 앉아 자신이 오디션장이나 공연장에 있다고 상상하는 것이다. "이제 곧 무대에 올라가. 자, 시작이야." 토머스는 스스로 이렇게 말하며, 알파파 상태가 될 때마다 빛과 소리로 피드백을 받았다. 집중하고 애쓰는 대신 그는 마음을 비우고 주의를 넓게 열어 연주 중의 불안이나 긴장과 하나되는 법을 피드백을 통해 배워나갔다.

토머스는 자신이 얼마나 긴장하고 있었는지 알고 깜짝 놀랐다. 빛과 소리 피드백을 통해 놓아버린다는 게 어떤 느낌인지 알게 되자, 근육이 이완되고 불안감이 줄며 그의 연주도 바뀌기 시작했다. 남의 시선을 의식하지 않게 되면서 연주는 더욱 자연스러워졌고, 창조적이고 편안한 즉흥 연주가 가능해졌다. 드럼과 베이스 연주자와도 호흡을 더 잘 맞추게 된 그는 이렇게 말했다. "나는 연주하는 그 순간에 더 깊이 머물 수 있게 되었어요. 좋은 음악이란 바로 그런 게 아닐까요?" 오픈 포커스 훈련을 통해 그는 단지 이완하는 법만 배운 게 아니었다. 그것은 훌륭한 연주에 꼭 필요한 현존감도 키워주었다. 게다가 연주가 힘들 때면 종종 악화되던 손의 만성 습진도 사라진 걸 알고 놀랐다.

직업 음악가나 세계적인 운동 선수보다 이런 주의 훈련이 더 필요한 사람도 없을 것이다. 이미 최고 수준의 기량을 자랑하는 음악가나 운동 선수도 유연한 주의를 적절히 활용해 신체적·감정적 장애물을 제거할 수 있다면 큰 도움을 얻을 수 있다. 유연한 주의를 적절히 활용한다는 것은 좁은 집중이 필요하지 않을 때면 다른 주의 방식으로 전환하는 것을 말한다. 사람들은 대개 더 열심히 밀어붙일수록 성과도 더 좋을 거라고 생각한다. 그러나 그것은 사실과 다를 때가 많다. 그보다 우리는 모두 언제 밀어붙여야 하고 언제 내려놓아야 할지, 언제 초점을 좁히고 언제 넓은 주의 방식을 사용해야 할지 알 필요가 있다. 오직 좁은 초점 상태로 일하는 사람들은 '과過 집중' 상태에 있을 때가 많으며, 자신의 긴장과, 즉 과도하게 흥분된 생리 기능과 싸우는 데 많은 에너지를 낭비한다. 이것은 다시 근육을 긴장시키고 심박수와 호흡률을 증가시킨다. 이런 문제는 사람들과 경쟁할 때 더 악화되며 이때 초점은 더 좁아진다.

좁은 초점 상태가 수행 불안을 일으키는 경우도 있다. 야구 선수가 갑자기 2루로 공을 던질 수 없거나, 골프 선수가 아주 세게 치지 않으면 퍼팅을 할 수 없거나, 피아노 연주자가 긴장 탓에 감정을 충분히 담아 연주하지 못할 때, 그것은 부분적으로는 그들이 너무나 애를 쓴 나머지—즉 좁은 초점 상태에 지나치게 열중한 나머지—주의를 확장시킬 생각을 하지 못하고, 그 결과 일정한 한계에 다다랐기 때문이다.

위대한 첼리스트 파블로 카잘스Pablo Casals (1876~1973)는 노년에 걸음을 잘 걷지 못했다. 그가 무대 위 의자에 앉아 다리 사이에 첼로를 세울 때는 누군가 옆에서 도와줘야 할 정도였다. 그러나 연주가 시작되고 활이 줄 위로 힘차게, 그리고 우아하게 미끄러지는 순간 그의 진면목이 드러났다. 그가 신체적 한계를 극복할 수 있었던 이유는 무엇일까?

내가 아는 한 여성 피아노 연주자는 모차르트 소나타 연주에 어려움을 겪고 있었다. 오픈 포커스에 대해 한 번도 들어본 적이 없는 그녀에게 나는 오픈 포커스 연습을 권했다. "처음에 난 그 연습의 배경음악으로 나오는 플루트 소리를 참을 수가 없었어요." 그녀의 말이다. (나는 오픈 포커스를 처음 소개할 때 배경 음악으로 종종 플루트 음악을 틀어준다.) "그런데 조금 지나자 플루트 음악에 완전히 빠져들었죠. 마치 깊은 명상을 한 것 같은 느낌이었어요." 그녀는 이어서 이렇게 말했다.

"내 몸의 긴장이 저절로 풀렸어요. 나는 피아노 의자에 앉았는데, 거기에 앉으면 편안하기도 하거니와 똑바른 자세를 유지하기도 쉽기 때문이죠. 유도문이 끝나고 눈을 떴을 때, 나는 연주에 어려움을 겪던 모차르트 소나타의 악보를 보고 있었어요. 나는 연주를 시작했고, 유도문에서 지시한 대로 오픈 포커스 상태를 유지했죠. 그러자 놀랍게도 나를 두렵게 하던 악절들이 아주 수월하게 내 손가락을 통해 흘러나오는 게 아니겠어요?"

유연하게 주의를 기울일 줄 아는 능력은 사실 좋은 음악가와 위대한 음악가를 구분 짓는 중요한 요인 중 하나이다. 그것은 운동 선수나 학생이나 회사 중역이나 다 마찬가지다.

흐름을 원활히 하는 방법: 주의와 뇌파 동조

애리조나주립대학교의 양궁 대표 선수들이 활을 활시위에 고정시킬 때 그들의 뇌파를 모니터링해 본 연구자들이 있다. 그들은 최고 기량의 선수들의 뇌가 시합 중에 어떻게 기능하는지 알고 싶었다. 이 대학의 생리학 교수인 댄 랜더스Dan Landers 박사는 양궁 선수가 활을 쏠 준비를 할 때는 뇌가 베타파 영역 안에서 고주파수(13~20Hz)로 재잘대듯 활동하는 것을 발견했다. 그러다 화살이 발사되기 직전이 되자 이 선수들의 뇌 좌반구로 알파파 리듬(8~12Hz)이 퍼지면서 뇌와 몸이 진정되고 머릿속 재잘거림이 잠재워졌으며 선수들은 지금 하고 있는 활쏘기에 완전히 그리고 유연하게 집중하고 몰입할 수 있게 되었다.[1] 연구에 따르면 소총이나 권총 사격, 가라테, 골프 퍼팅, 농구의 자유투 등의 경우에도 이와 동일한 뇌파 패턴이 형성되는 것으로 나타난다.[2]

문제는 비非동조 베타파에서 동조 알파파로의 이 같은 전환이 아주 미묘하게 일어난다는 점이다. 이런 활동에 대한 훈련이나 경험 없이 이것을 일으키기란 쉽지 않다. 이는 마치 물 속의 물고기가 자신이 물 속에 있다는 사실을 알기 어려운 것과 비슷하다. 사람들은 자신이 긴장하고 있다는 사실을 잘 알아차리지 못한다. 그것은 아마도 긴장이 서서히 증가해 오랫동안 지속되어 왔기 때문일 것이다. 자기가 매우 이완되어 있다고 말하는 내담자들도 실제로 생리 상태를 측정해 보면 매우 긴장되어 있는 경우가 있다.

마크는 오랫동안 명상을 해왔지만 이렇다 할 효과를 보지 못하고 있었다. 뉴로피드백 장치로 모니터링해 본 결과 그는 몹시 긴장된 비동조 뇌파 상태에 있었으며 알파파로 이완해 가는 데 어려움을 겪고 있었다. 나는 그에게 만트라를 이용한 명상을 해보도록 권했다. 그러자 마크는 다시 긴장하면서 고주파의 비동조 베타파만 만들어내고 알파파는 거의 만들어내지 못했다. 마크는 명상을 멈추었다. 나는 그에게 빛과 소리의 피드백이 더 증가할 수 있도록 해보라고 했다. 빛과 소리의 피드백이 증가한다는 것은 뇌 전반에 동조 알파파가 존재한다는 신호였다.

마크는 서서히 더 많은 피드백을 받으면서 알파파 동조가 어떤 느낌인지 알게 되었고, 자신이 이제까지 만트라를 읊는 데만 너무 집중했다는 사실을 깨닫게 되었다. 다시 나는 빛과 소리의 피드백이 더 자주 나올 수 있도록 명상을 해볼 것을 요청했다. 몇 분 만에 마크는 애쓰지 않고도 만트라가 자연스럽게 흘러나오는 것을 느낄 수 있었다. 몇 년 동안 명상을 해온 마크였지만, 애쓰지 않는다는 것이 어떤 의미인지를 단 한 번의 뉴로피드백을 받으면서 깨우칠 수 있었다. 마크의 창백한 얼굴에는 다시 혈색이 돌았고 표정도 밝아졌다. 그가 비로소 조화로운 상태에 이르렀음을 보여주는 변화였다.

랜더스 박사와 대학원생 제자들은 대학 양궁 선수들에게 이와 비슷한 기술을 가르쳤다. 그들은 선수들을 두 그룹으로 나누었다. 하나는 바이오피드백 훈련을 받아 알파파를 증가시키는 법을 배운 선수들의 그룹이고, 다른 하나는 알파파와는 관련이 없는 가짜 피드백 훈련을 받은 선수들의 그룹이었다. 랜더스의 말이다. "알파파 바이오피드백을 받은 선수들은 상당한 실력 향상을 보였습니다. 화살이 9점라인 바깥쪽 가장자리에서 안쪽으로 이동한 겁니다. 이것은 아주 의미 있는 변화죠." 한편 가짜 피드백을 받은 선수들은 별다른 실력의 향상을 보이지 않았다.[3]

근육 기억

———

노래에서부터 장대높이뛰기까지 어떤 공연이나 운동이든 그것들을 해나가는 데 있어 주요한 요소는, 신체 근육이 적정 수준에서 긴장된 상태를 유지해야 한다는 것이다. 근육과 근육 군群은 완전히 쉬고 있는 경우가 거의 없다. 신체의 구조적 정렬, 자세, 균형을 유지하기 위해 근육 세포는 전기 신호를 방출한다. 그러나 신체가 일을 수행할 때라도 근육은 자신에게 걸린 부하를 유연하고 조화로운 방식으로 분산시키기 위해 긴장 상태를 최소한도로 유지하려고 한다. 이때 핵심은 자신의 주의를 온몸에 고루 분산시키는 능력이다.

그러나 우리 대부분은 마치 방탄복이라도 입은 것처럼 자기도 모르게 긴장한 채로 돌아다니고 있으며, 신체적·감정적 트라우마에 대한 만성적인 방어 반응으로 인해 근육은 습관적으로 굳어 있다. 근육이 긴장하면 다른 근육이 이를 보상하기 위해 힘을 쓰게 되고, 그렇게 되면 운동 능력이 크게 떨어진다. 무의식적인 근육 긴장은 교감자율신경계를 활성화시켜 불안감과 심박수 증가, 에너지 고갈을 불러오고 우울증을 유발할 수 있다.

오픈 포커스는 몇 가지 수준에서 공연이나 운동 등의 활동을 하는 사람에게 도움을 줄 수 있다. 수주 혹은 수개월 동안 오픈 포커스 훈련을 지속하면 만성적인 근육 긴장이 깊이 이완되며, 이는 근육들의 협동 능력과 체력의 향상으로 이어진다. 이런 긴장 이완은 마사지나 스트레칭 혹은 열을 이용한 이완보다 훨씬 완전하고 깊게 이루어진다. 훈련이 진전되면 오픈 포커스 상태에 자유자재로 들어오고 나가는 것이 가능해질 것이다. 운동 선수라면 순간적으로 주의 방식을 변화시켜 더 편안하고 이완되는 느낌을 곧바로 얻게 된다. 오픈 포커스 기술은 달리기를 할 때, 출발대에 올라설 때, 상대편 선수의 축구공을 낚아채기 위해 기회를 엿볼 때, 자유투 라인에 들어설 때, 활시위를 당길 때, 목표물을 조준할 때 등 어느 때라도 활용할 수 있다.

골프 선수에서 미식 축구 코치까지

골프 선수들은 손으로 클럽을 잡듯이 자신의 주의 방식으로 골프

공을 붙잡는다. 많은 이들이 무의식적으로 이를 악물고 전력을 다할 때 경기에서 이길 수 있다고 생각한다. 그러나 이것은 진실과 정반대이다. 경기의 국면이 달라지면 주의의 방식도 달라질 필요가 있으며, 골프 선수들도 경기의 특정 상황에 맞는 주의 방식으로 전환하는 법을 배울 수 있다.

먼저, 라운드를 시작하기 전 15~20분 정도의 오픈 포커스 연습만으로 근육을 풀어줄 수 있다. 공을 티_{tee} (골프공을 놓고 치는 위치—옮긴이)에 올려놓고 드라이브를 준비할 때는 초점을 좁히는 전략적인 마음자세가 필요하다. 홀의 위치나 바람의 방향과 세기를 가늠하고, 페어웨이 (티와 퍼팅그린 사이의 잔디밭—옮긴이)와 그린의 축축한 정도와 나무와 벙커의 위치 등 여러 변수를 확인해야 하기 때문이다. 그러나 몇 차례의 연습 스윙을 위해 이 정보들을 종합하고 근육을 이완시킬 때는 이보다 더 넓고 합일된 주의 방식이 도움이 된다. 백스윙을 위해 오픈 포커스로 전환하면 주요 근육들이 즉각 이완되면서 완전하고 유연한 다운스윙 (골프에서 클럽이 아래 방향으로 공까지 움직이는 스윙의 단계—옮긴이)이 가능해진다.

좁은 초점 상태에서 골프 선수의 주의는 거의 골프공에만 집중되어 있다. 반대로 오픈 포커스 상태에서는 주의의 중심이 공에 부드럽게 놓여 있는 동시에, 잔디와 나무, 풍경의 특징, 감각이 일어나는 공간 등 주변부에 있는 것들에 대한 알아차림까지도 애쓰지 않고도 동시에 자연스럽게 이루어진다. 풀 냄새, 새 소리, 클럽 손잡이의 느낌

등을 동시에 알아차리는 것이다. 스윙을 하는 중에는 주의의 중심은 여전히 공에 있지만 알아차리는 범위는 확산되어 마침내 자기를 전혀 의식하지 못할 정도로 지금 하고 있는 경험에 완전히 몰입하게 된다고 많은 이들이 이야기한다.

오픈 포커스 훈련은 단지 이완만을 위한 것이 아니다. 이 훈련은 아주 커다란 신체적 힘이 요구되는 경기에서도 운동 선수들이 자신의 신체 능력을 최대한으로 활용할 수 있게 해준다. '속도 훈련' 공인 코치인 나는(미국에는 운동 선수들의 순간적인 속도 향상을 위한 협회가 있다―옮긴이) 정지 상태에서 최고 속도에 이르는 시간을 단축시키는 능력이 축구, 농구, 라켓 스포츠, 트랙 경기 할 것 없이 모든 종목에 필수적이라는 걸 알고 있다. 대부분의 속도 훈련 전문가들은 직접적인 훈련 방법을 쓴다. 예컨대 선수의 직전 최고 기록보다 조금 빠른 속도로 자동차를 운전하여 선수의 페이스를 조절한다든지, 선수가 보통 때 뛰는 속도보다 약간 빠르게 맞춘 전자 메트로놈을 이용한다든지 하는 식이다. 그러나 주의 훈련 역시 단독으로든 다른 속도 향상 훈련법과 병용하든 선수의 기량 향상에 결정적으로 기여할 수 있다.

나는 미국 프로 미식 축구팀 댈러스 카우보이스Dallas Cowboys의 컨디션 코치 밥 워드Bob Ward와 함께 일한 적이 있다. 그가 오픈 포커스 집중 훈련을 위해 며칠 동안 프린스턴에 왔었는데, 매일 아침 그는 평소 늘 하던 스트레칭과 맨손 체조로 두 시간 동안 근육을 풀고 만성 요통과 관절 통증을 완화시키곤 했다. 그가 운동하는 것을 보고 나는 이런 컨디션 훈련 대신 오픈 포커스를 해볼 것을 권했다. 20분도 안 되어 나는 워드를 오픈 포커스와 통증 해소 연습으로 유도했고, 그러자 근육 긴장과 만성 통증이 즉시 감소했다. 이후 워드는 오픈 포커스의 열렬한 신봉자가 되었고 나에게 댈러스 카우보이스 선수들에게, 또 속도 훈련 코치들의 전국 컨퍼런스 자리에서 코치들에게도 오픈 포커스를 소개해 달라고 부탁했다.

오픈 포커스 상태로 달리기

1980년 모스크바 올림픽을 준비하면서 미국 올림픽개발위원회는 나에게 일리노이대학교 어버너-샘페인 캠퍼스에서 세계 정상급 중장거리 달리기 선수 22명을 대상으로 기량 향상 프로그램을 진행해 줄 것을 부탁했다. 선수들은 사흘 동안 오픈 포커스 훈련을 하고 바이오피드백 장치를 사용해 근육 긴장도와 땀샘 기능, 체표면 온도, 뇌파 활동을 측정했다.

오픈 포커스 훈련을 소개받은 뒤 그 세션에 참여한 한 선수가 과거에 자기도 열린 주의 방식을 스스로 발견한 적이 있다며 그 이야기를 들려주었다. 어느 날 그는 육상 경기 대회에서 몸이 좀 좋지 않아 뛰고 싶지 않았지만 그럼에도 어쨌든 시합에 나갔다고 했다. 출발 신호가 울리자 그는 뒤엉킨 대열을 피하기 위해 뒤로 물러났고 한동안 그렇게 맨 뒤로 처져서 달렸다. 그는 자신이 좋은 기록을 내지 못하리라고 예상했다. 그러나 몸이 안 좋다는 느낌 외에, 자신이 이제까지와는 뭔가 달라진 상태로 달리고 있다는 걸 알아차렸다. 그때 그는 몸이 아픈 증상과 함께 발이 경주용 트랙에 닿는 소리, 얼굴에 부딪히는 바람, 그리고 평소엔 무시했던 여러 감각들을 동시에 알아차리고 있었다. 애써 목표에만 집중하던 태도도 사라지고, 내면의 독백도 잠잠해졌다.

레이스가 3분의 2쯤 펼쳐졌을 때 그는 레이스에서 우승하려면 지금 즉시 전력 질주로 치고 나가야 한다는 생각이 들었다. 그러자 별다른 노력을 더 기울이지 않았는데도 바로 그 일이 일어났다. 느슨해져 있던 상태에서 별안간 속도를 내더니 최고 기록으로 우승한 자신을 발견한 것이다.

그가 경험한 것은 오픈 포커스 주의로의 자연스러운 전환이었다. 이후 이어진 주의 훈련을 통해 그는 경주 당시 느꼈던 느낌을 더 친숙하게 받아들이고 더 쉽게 그 느낌에 접근할 수 있었다.

오픈 포커스 훈련을 받은 선수는 자신의 경기를 더 직관적인 방식으로 경험한다. 생리적 측정을 해보면 그러한 변화를 어느 정도 알 수 있다. 물리학자이자 일본 가라테협회 공인 4단이기도 한 가라테 지도자 레스터 잉그버Lester Ingber 박사는 배꼽 바로 아래의 하단전에 초점의 중심을 두고 있으면, 주의가 넓어져 언제라도 만반의 대응 태세를 갖출 수 있다고 말했다. 상대가 공격을 해올 때면 잉그버는 마치 넓게 퍼진 불빛이 렌즈를 통과하면서 하나의 초점으로 모이는 것처럼 자신의 확장된 에너지와 알아차림이 즉시 초점의 중심에 모이는 것을 느꼈다고 한다. 그의 집중된, 반사적인 반응은 바로 이 중심에서 나왔다. 그런 다음에는 집중되어 있던 주의가 다시 넓게 확산되었다.

실험에서 나는 잉그버 박사에게 뇌전도 장치를 부착했다. 그의 주의가 넓어져 언제라도 대응할 수 있는 상태가 되면 뇌전도 장치는 낮은 주파수의 뇌파 동조 상태를―주로 알파파 영역에서―보여주었다. 우리는 그에게 딸깍 하는 소리를 들려주고 나서 그 소리를 듣자마자 스위치를 누르도록 해 그의 반응 속도를 측정했다. 소리가 나기를 기다리는 동안 그의 뇌에서는 $10Hz$의 알파파가 생성되었다. 그리고 최대한 빨리 반응할 때는 그것의 몇 배가 되는 $20\sim30Hz$, 심지어 $40Hz$ 이상의 뇌파를 보였다가 그 후에는 즉시 침착하고 열린 주의로 되돌아왔다. 이것이 바로 유연한 주의이다.

잉그버는 하나의 자극에만 반응하는 좁은 대상형 주의를 쓰지 않았고, 그 덕분에 상대방의 전체 움직임을 알아차리고 의도적으로 행동할 때보다 훨씬 짧은 시간에 즉각적으로 반응할 수 있었다. 잉그버는 이것을 '상대의 리듬 끊기'라고 표현한다. 말하자면 상대의 행동을 느린 동작으로 인식하면서 그보다 더 빠른 속도로 대응한다는 뜻이다.

지각의 변화

___

유연한 주의는 지구력과 반응 시간을 향상시키고 일을 원활하게 수행할 수 있도록 도움을 줄 뿐 아니라 감각 경험에도 영향을 미친다. 나에게 오픈 포커스 훈련을 받은 뉴욕 사람 한 명은 오픈 포커스 주의 상태로 조깅을 했다. 그러던 어느 날 그는 센트럴파크를 뛰다가 자신의 원거리 시력이 놀랍도록 향상되고 확장된 것을 알아차렸다. 조깅을 하는 길, 차량, 조깅하는 다른 사람들에 대한 반응도 훨씬 빨라지고 더 직관적이 되었다. 별다른 생각이나 노력을 기울이지 않았는데도 이런 반응이 자연스럽게 일어나는 것처럼 보였다.

경기 도중 색다른 지각 경험을 한다고 말하는 운동 선수들도 있다. 나에게 오픈 포커스 훈련을 받은 야구 선수들은 타석에서 투수가 던진 야구공의 경로와 위치, 구질을 애써 보려고 한 것도 아닌데 자연스럽게 볼 수 있었다는 말을 한다. 야구공이 슬로모션으로 다가오는 것 같았다는 것이다. 그리고 축구 골키퍼는 상대편 선수가 슈팅한 공이 마치 슈팅 궤적에서 거의 움직이지 않고 공중에 떠 있는 것처럼 보인다고 했다. 어떤 선수들은 아주 빠른 동작이라도 마치 슬로모션처럼 지각하게 될 때가 있다고 말한다. 또 어떤 선수들은 전경과 배경을 자연스럽게 오갈 수 있게 되었다고도 한다.

이런 지각의 변화들은 주의의 기능에 의한 것이다. 넓은 합일형 주의 방식은 위상 동조 알파파 상태와 관련이 있는 것으로, 이 상태에서는 자신에게 일어나는 사건을 동시적으로, 시간을 초월해서, 또 모든 것을 포괄하는 방식으로 지각할 수 있다. 대학 시절 미식 축구를 했던 한 정신과 의사는 오픈 포커스를 공부한 뒤, 미식 축구 경기장에서 절정의 기량을 발휘하던 때 시간이 느려진 듯했던 경험과 오픈 포커스 경험 사이에 유사점이 있다는 걸 알게 되었다. 그는 공과 상대편 선수가 조금 전 어디에 있었고 지금 어디에 위치해 있으며 조금 뒤 어디에 있을 것인지를 '육감'으로 알았다.

"공에서 눈을 떼지 마라." 테니스 지도자들은 오랫동안 이 격언을 사용해 왔다. 그리고 선수들은 그에 따른 대가를 치러야 했다. 다른 모든 주의의 대상들에 대해서도 그렇지만 테니스에서도 공에만 좁게 초점을 맞추면 긴장이 생긴다. 그 반면 오픈 포커스 훈련은 테니스 선수가 공에 집중하면서도 코트 위에 있는 모든 것을 동시에 그리고 자연스럽게 알아차릴 수 있도록 해준다. 선수들은 주변이나 배경에 있는 세부 요소까지 알아차리게 될 때 자신의 지각이 열리고 창의성이 발휘되면서 힘들이지 않고 자연스러운 플레이가 가능하다는 걸 알게 된다. 이것은 또한 3차원의 입체 경험을 키워준다. 예컨대 공이 자신에게 날아올 때 시각적으로 더 두드러지면서 공이 마치 3차원의 주변 환경에서 구체화_{具體化}되어 나타나는 것처럼 보이는 것이다.

좁은 집중이 어떻게 우리의 지각을 제한하며, 유연한 주의는 어떻게 우리의 지각을 열어주는지 보여주는 예가 하나 있다. 열정적인 스포츠 클라이머 제리의 이야기이다. 험준한 콜로라도 산악 지대의 한 봉우리, 돌출된 바위 아래에서 제리는 갑자기 곤경에 처하게 되었다. 지상에서 멀리 떨어진 바위 절벽에서 동료와 떨어져 고립된 것이다. 그는 공포에 휩싸였고 불안했다. 그러나 그 상태에서는 손으로 붙잡을 데나 발 디딜 곳을 찾을 수 없었다. 제리는 등반에 더 집중하며 불안을 억누르려 했으나 꼼짝도 할 수 없었다.

그때 곤경에 처한 제리를 본 동료가 외쳤다. "오픈 포커스를 떠올려!" 손은 떨렸지만 제리는 의식을 열고 주변으로 주의를 넓히기 시작했다. 몇 분 만에 그의 마음은 차분해지고 몸은 이완되었으며 손의 떨림도 멎었다. 그는 다시 유연함을 되찾았다. 공포심이 가라앉고, 손에는 힘이 들어갔으며, 산과 하나가 된 기분이 들었다. 그가 보는 모든 곳에서 손으로 붙잡고 발로 디딜 곳이 눈에 띄었다. 오픈 포커스 상태로 몇 분 있고 나자 시야가 크게 넓어지면서 그는 쉽게 암벽을 타고 올라 등반을 마칠 수 있었다.

오픈 포커스로 무대에 서다

———

코네티컷 주 웨스트하트포드에 있는 명문 하트Hartt 음악학교에서 성악 및 연극학과 교수로 재직하며 젊은 성악가들을 가르치고 있는 레이 태튼바움Rae Tattenbaum은 자신이 도움받은 오픈 포커스를 학생들 교육에도 활용하기 시작했다. 그곳의 젊은 학생들은 정통 음악 교육을 받았으며 언젠가 대학의 음악학부에 들어가기 위해 오디션을 볼 것이었다. 그들은 뛰어난 테크닉 훈련을 받았지만 공연 전에 불안해하는 경우가 많고, 공연 중에도 신체적·감정적으로 그 순간에 온전히 몰입하지 못하는 경우가 많았다. 태튼바움의 목표는 학생들이 자유롭고 자연스럽게 공연에 완전히 몰입하도록 하는 것이었다.

어느 분야든 최상의 기량을 발휘하는 사람들은 뇌파 동조 상태에 자유롭게 드나드는 능력을 유전적으로 타고난 사람들이다. 예를 들어 훌륭한 배우는 연기를 할 때 뇌파 동조 상태에 들어가 자신이 맡은 역할이 곧 자신인 양 정체성을 바꿔서 연기한다. 그렇지 않으면 연기는 부자연스러워 보일 것이다.

한번은 어떤 배우가 내게 연락을 해서, 자기가 역할에 몰입할 수 있도록 훈련을 시켜줄 수 있겠느냐고 물었다. 그는 배역 속으로 들어가는 데는 문제가 없었다. 그러나 그 속에 계속 머무르며 몰입하는 데 어려움을 느꼈다. 나는 그에게 역할 속에 계속 머물러 있으려 애쓰지 말고 나왔다가 다시 들어가는 법을 배우면 어떻겠느냐고 제안했다. 그게 바로 유연한 주의가 발휘하는 기능이다.

태튼바움은 여러 가지 방법을 수업에서 사용한다. 그중에는 얼굴과 성대 근육은 물론이고 사타구니와 횡격막까지 이완시킬 목적으로 자신이 직접 고안한, 수주에 걸친 오픈 포커스 연습법도 있다. "학생들은 모두 얼굴을 꽉 긴장시키고 있어요. 그것을 놓을 줄 알아야

합니다. 일단 주의 훈련으로 얼굴 근육을 풀어주면서 초점을 열게 하면, 학생들 몸은 그에 반응해 이완이 됩니다. 그러면 횡격막도 더 잘 활용할 줄 알게 되죠. 무대 위에서 자기만의 공간을 소유한 것처럼 느끼고, 노래할 때 사용하는 근육도 원래 의도대로 사용할 수 있게 됩니다." 그녀의 말이다.

태튼바움은 성악가들이 과거의 트라우마나 오디션 공포 등 모든 걸 내려놓고 깊이 이완할 수 있도록 돕기 위해 자기식의 오픈 포커스 훈련을 개발했다. 성악가들은 공연 중 다른 성악가와 연주자, 청중, 극장 안의 모든 움직임과 기타 감각 요소들, 나아가 그것들이 일어나는 배경으로서의 공간과 고요까지도 알아차릴 수 있도록 의식을 확장하는 훈련을 받았다.

태튼바움은, 열려 있고 방해받지 않는 주의 상태에서 성악가들은 직관적으로 신체 에너지를 전환시켜 목소리를 새로운 차원으로 끌어올린다고 말한다. "오픈 포커스는 내가 전에 보지 못했던 수준으로 학생들이 능력을 발휘하게 해줍니다. 일단 '씨앗을 뿌리는' 과정이 시작되면, 그러니까 학생들이 오픈 포커스를 배우고 받아들여서 그것을 제2의 천성으로 삼는다면, 그들은 큰 힘을 갖게 됩니다. 정말 큰 선물이죠."

오픈 포커스 훈련을 받은 성악가들은 더 넓은 음역을 갖게 되고 음색도 더 풍부해지며 자신이 부르는 곡의 감정도 더 잘 느낄 수 있다고 태튼바움은 말한다. 하트 음악학교의 성악가이자 교사인 로빈은 이렇게 말한다. "나는 성악가로서 노래를 부를 때 노래하는 나 자신으로서 현존하지 못하는 경우가 많다는 걸 알았어요. 마치 내가 나 바깥에 있으면서 자신을 바라보며 판단하는 듯한 느낌이었죠. 그런데 오픈 포커스 훈련을 받고 나서는 여태껏 한 번도 경험하지 못한 행복감을 온전히 느꼈어요. 이제 나는 한 걸음 물러나 심호흡을 하고 내 노래에 더 집중하며 노래와 하나가 될 수 있게 되었습니다."

뇌파 훈련과 음악가의 수행 능력에 관한 최고의 연구는 런던 임페리얼 칼리지Imperial College London의 조나단 그루젤리어Jonathan Gruzelier 박사가 런던 왕립음악학교의 음악가들을 상대로 행한 연구이다.

거의 100명에 가까운 학생들에게 서로 다른 유형의 뉴로피드백 훈련을 하게 했다. 그중 알파파/세타파 훈련을 받은 학생들의 음악 기량이 가장 크게 향상되었다. 이들 그룹은 13.5~17퍼센트까지 수행 능력이 향상되었다. 그루젤리어 박사의 말이다. "이 결과는 뉴로피드백이 음악 기량에 뚜렷한 효과를 미칠 수 있다는 걸 보여줍니다. 뉴로피드백은 무대 공포를 줄여 스트레스를 감소시키는 역할도 하지만, 음악 연주의 예술적 측면에 긍정적인 영향을 미칩니다. 그것은 단지 스트레스를 덜어주는 것 이상의 큰 의미를 갖고 있습니다."

CHAPTER 9

오픈 포커스로
살기

The Open-Focus BRAIN

9

오픈 포커스로 살기

> "무한, 그리고 그 너머로!"
>
> —버즈 라이트이어, 영화 〈토이스토리〉 중에서

몇 년 전 나는 오랜 고소공포증을 극복할 요량으로 지역의 놀이 공원에 간 적이 있다. '자유 낙하Free Fall' 놀이 기구에 올라타 자리에 앉자 나는 서서히 20층 높이로 올려졌다. 360도로 펼쳐진 뉴저지 지역의 농지까지 보일 정도로 높이 올라가고 나니 정말로 어디로든 빨리 도망가고 싶다는 생각이 절실하게 들었다. 땀에 젖은 손으로 나는 앞의 쇠막대를 꽉 붙잡았고, 다리는 후들후들 떨렸다. 지상에서 점점 멀어질수록 고통스러운 불안감이 위장과 가슴으로 차올라 왔다. 기구가 공중에 멈춰 있던 몇 초 동안이 마치 영원이라도 되는 듯 길게 느껴졌다. 그 뒤 요란한 버저 소리와 함께 기구는 15층 높이를 급강하한 뒤 속도를 늦춰 천천히 바닥에 내려섰다. 나는 정말로 무서웠고, 손은 떨렸으며, 기구에서 내린 뒤에도 모든 근육이 긴장된 상태였다.

나는 이번에는 오픈 포커스 상태로 그 놀이 기구를 타보기로 했다. 줄을 서서 차례를 기다리고 기구에 올라타 위로 올라가는 동안 나는 내 두려움이 몸 어느 곳에 있는지 찾아보았다. 배와 가슴에서 그것이 느껴졌다. 나는 이 두려움의 감정을 억누르는 대신 온전히 받아들이기로 했다. 나는 알아차림의 범위를 넓혀 전경뿐 아니라 뒤의 배경까지 의식하기 시작했다. 그때 내가 느낀 모든 감각―가깝거나 멀리 있는 물체를 보고, 듣고, 느끼고, 냄새 맡고, 맛보는 것은 물론 그것들에 스며 있고 또 그것들을 둘러싸고 있는 공간까지도―에 동시에 접근했다.

나는 내 주변과 내 안에 있는 공간을 경험하고, 나 자신이 마치 광활한 공간에 스며든 채 떠 있는 입자들의 구름인 것처럼 상상했다. 그리고 두려움으로 인한 배와 가슴의 통증에 다가가 그곳의 긴장을 풀었다. 그러자 즉각적으로 몸의 근육들이 이완되며 뭉쳐 있던 두려움이 가라앉기 시작했다. 놀이 기구가 끝까지 올라갈 즈음 두려움과 긴장은 이미 사라지고 없었다.

그리고 기구가 낙하했다. 그러나 이번에 나는 놀랍도록 침착했다. 나는 그 변화의 원인을 곧 알 수 있었다. 첫 번째 시도에서 나는 떨림이나 여타 두려움이 생길 것에 대비해 스스로를 긴장시켰다. 그러나 그런 감정을 막으려는 바로 그 행위가 오히려 단순한 신체 감각을 공포의 경험으로 증폭시켰다. 반면 지금 느끼고 있는 실제 감각 경험과, 그 감각 경험 주변을 둘러싸고 있는 공간까지 알아차리기로 마음을 열자 그 상황이 더 이상 비상 상황처럼 느껴지지 않았다.

이처럼 역설적인 방식으로, 좁은 주의는 정확히 우리가 피하고자 하는 그 경험을 불러오는 반면 오픈 포커스 주의는 우리를 그로부터 해방시켜 준다. 좁은 초점 상태에서 우리는 지금 경험하고 있는 것에 저항하면서 실은 그 경험을 더 과장하고 거기에 더 집착하게 되는 것이다. 반대로 오픈 포커스 상태에서는 공간에 대한 감각 등 이제까지 제대로 활용하지 못한 감각들이 우리의 경험을 둘러싸면서 그것을 넓게 흐트러뜨린다.

유연한 주의 상태로 살면 많은 것이 변화된다. 아침에 잠자리에서 일어나는 것부터 옷 입는 것, 먹는 것, 운전하는 것, 일하는 것, 공부하는 것, 가족들과 함께 시간을 보내는 것, 창조적인 활동을 하는 것, 나아가 스포츠 경기를 하는 것에 이르기까지 일상의 모든 측면이 더 수월해질 수 있다. 유연한 주의는 또한 미래를 예측하고 과거를 기억하는 방식에도 변화를 줄 수 있다. 마음은 더 편안해지고 불안은 줄어든다. 잠도 더 잘 자고 사랑도 더 많은 사람이 된다. 자신의 감정에 대해서도 저항하고 과잉 반응하기보다 자연스럽게 경험하고 흩어지도록 놓아버릴 수 있게 된다. 내면의 부정적인 비판의 목소리도 이제 밝고 명확한 마음으로 바뀌고, 내면은 고요해진다. 문제들이 스스로 해결책을 제시하는 듯 보이며, 어떤 사람과의 관계가 됐든 더욱 호감을 주게 된다. 그리고 세상은 훨씬 우호적인 곳이 된다.

오픈 포커스와 학습

오픈 포커스는 학습에도 명백한 영향을 미친다. 오픈 포커스 상태에서는 불안감 없이 덜 애쓰면서도 덜 산만한 상태로 더 오랜 시간 주의를 기울일 수 있다. 서로 다른 주의 방식들을 구별하기, 대상과 배경을 유연하고 적절하게 처리하기, 상황에 맞는 주의 방식 적용하기 같은 것은 모든 학습에 필수적인 요소이다.

인간의 뇌는 좌우 반구로 나뉘어 있다. 과거 연구들은 우뇌와 좌뇌의 명확한 차이를 보여주었지만, 최근 연구들은 좌뇌와 우뇌가 그렇게 간단히 구분되지 않는다는 걸 보여준다. 그럼에도 좌뇌와 우뇌가 각기 다른 기능을 갖고 있는 것만은 분명해 보인다.

우뇌는 감정을 표현하고, 상대방의 표정을 감지하며, 노래 부를 때 조화를 이루게 하고, 음악을 이해하며, 몸짓 언어와 몸의 느낌을 읽고, 공을 던지고 받거나 자전거를 타는 데 필요한 시공간視空間 작업을 수행한다. 우뇌는 예컨대 3차원 공간이나 그 공간 내에서 이루어지는 관계들을 경험하는 과정에서 통찰과 직관적 추론, 몰입이 쉽게 이루어지게 만든다. 우뇌는 큰 그림과 전체 맥락을 본다. 비유적인 의미뿐 아니라 실제로도 많은 것들을 순서대로가 아니라 한 번에 동시에 보는 것이다. 이것을 병렬 처리parallel processing라고 부른다. 말하자면 얼굴의 개별적인 특성을 하나씩 지각하는 것이 아니라 얼굴 전체를 한꺼번에 지각하는 식이다. 거기서 낯익은 요소들을 발견해 내는 것은 우뇌의 기능이다.

반면에 좌뇌는 감정적이기보다 객관적·분리적·이성적이며, 강한 자아 감각을 갖고 있는데, 우리 문화권에서는 이 좌뇌가 더 중시된다.[1] 좌뇌는 언어, 말하기, 읽기, 쓰기, 순차적 또는 연속적인 정보 처리를 관장하는데, 여기에는 문법 이해, 산수, 타이핑, 실익 따지기 등 모두 좁은 대상형 주의를 사용해야 할 수 있는 과제들이 포함된다.

뇌의 좌우 반구의 차이에 대한 최초의 체계적인 연구는 발작을 없애기 위한 최후의 방법으로 수술을 통해 좌뇌와 우뇌의 연결을 끊어버린 사람들을 대상으로 한 연구였다. 이들 환자들은 왼쪽 눈으로만 봤을 때, 그 시각적 대상들을 우뇌로 전달하여 인식할 수는 있었지만 그것들의 이름을 대지는 못했다. 왜냐하면 이름을 대는 데 관여하는 좌뇌로의 연결이 끊겨 있었기 때문이다. 반대로 오른쪽 눈으로만 보고 그 정보가 좌뇌에만 전달되는 경우, 앞선 실험과 동일한 대상임에도 이름을 댈 수는 있었지만 그것이 무엇인지 알아보지는 못했다. 우뇌가 그 프로세스에서 빠져 있었기 때문이다. 마찬가지로 음악에 관여하는 우뇌는 노래의 멜로디는 알아들을 수 있지만 가사는 인식하지 못한다. 그 반면 언어에 중점을 두는 좌뇌는 노래 가사는 기억할 수 있지만 멜로디는 기억하지 못한다.

물론 좌뇌와 우뇌 분리 수술을 받지 않은 사람이라면 이렇게 분명한 뇌 분할 현상을 보이지는 않는다. 그렇지만 오른손잡이와 왼손잡이가 있는 것처럼 사람은 누구나 좌뇌 아니면 우뇌 중 한쪽이 더 우세한 경향을 갖고 있다. 우뇌형 인간은 창조적인 성향으로 '큰 그림'을 볼 줄 안다. 이들은 넓은 합일형 주의 방식의 소유자들로 마감 시간이라든지 가계부의 수입 지출 같은 세부적인 사항에는 그리 신경 쓰지 않는다. 예술가나 연주가, 상상력과 발명에 관여하는 사람들은 대체로 우뇌 성향이 강하다. 좌뇌형 인간은 대개 좁은 대상형 주의 방식을 취하며 엄격하고 목표 지향적인 태도를 갖는다.

우리는 좌뇌 중심의 사회에 살고 있다. 인구의 3분의 2 가량이 좌뇌형이다. 많은 직업과 대다수 남성들이 좌뇌 기능을 선호한다. 학교, 직장, 정부, 군대 등의 조직 문화는 좌뇌에 편향되어 있다. 이러한 조직들은 문서, 일정, 마감 시간, 순차적인 일처리, 그리고 외부의 객관적 대상에 주로 초점을 맞춘다. 이들 조직은 좌뇌 중심의 사람들에게는 보상을 해주는 반면, 우뇌 중심의 사람들은 비주류로 취급한다. 그 결과 우리 사회는 물질적으로는 풍요롭지만 다른 많은 중요한 면들에서는 피폐해졌다.

인간의 의식이 최상의 상태로 기능하기 위해서는 좌우 뇌의 주의 기능이 조화를 이루어야 한다. 좁은 대상형 주의는 좌뇌의 기능이고, 넓은 합일형 주의는 우뇌의 기능이다. 이 두 주의 방식의 최적의 결합을 오픈 포커스Open Focus라고 한다. 오픈 포커스는 각각의 주의 방식이 어느 한쪽에 치우치지 않고 동등하게 공존하는 상태이다. 앞서 말했듯이 우리 사회의 주의 방식은 좌뇌형 쪽으로 기울어져 있다. 이 불균형을 바로잡는 한 가지 방법이 이 책에 소개하는 공간과 부피, 그밖에 우뇌를 활성화시키는 자극들에 주의를 기울이는 연습을 하는 것이다.

뇌 연구에서 중요한 질문 하나는 뇌가 어떻게 서로 다른 뇌 영역들을 결합해 여러 가지 지각을 동시에 포함한 의식을 창조해 내는가 하는 것이다. 동조同調가 그 열쇠이다. 그리고 그 동조는 주의를 기울이는 방식이 매개가 된다. 열린 주의 방식을 배우면 뇌의 주요 부위에서 알파파 동조가 일어나는데, 이것이 스트레스를 줄이고 뇌의 여러 부위 사이의 원활한 소통을 도와 애쓰지 않아도 자연스럽게 정신 기능이 향상되는 것이다. 복잡하고 세심하게 타이밍을 맞춰야 하는 뇌 기능의 특성은 교향악단에 비유되기도 한다. 오직 좁은 대상형 초점 상태로만 작동하는 뇌는 불완전한 악보로 혹은 악보 없이 가사만 보고 연주하려는 교향악단과 비슷하다. 그럴 때 제대로 된 음악을 연주하기 어려울 것이다. 유연한 주의는 뇌의 모든 부위가 빠짐없이 연결되어 조화로운 관계가 회복된 상태에서 의식적인 경험의 교향악을 연주하는 것이라고 할 수 있다. 이것은 우리가 하는 모든 일, 특히 학습에 중요한 의미를 갖는다.

다운증후군, 정신 지체, 자폐증 같은 일부 정신 장애의 경우 뇌의 타이밍 메커니즘의 오작동과 관련 있음을 보여주는 연구들이 있다.

이런 문제들은 뉴로피드백으로 좋은 효과를 낼 가능성이 있다. 나의 동료인 게리 피Geri Fee 박사는 미발표 파일럿 연구pilot study (본격적인 조사나 연구에 앞서 소규모로 진행하는 선행 연구—옮긴이)에서 여섯 명의 다운증후군 아동에게 뇌파 동조 훈련을 시킨 바 있다. 훈련은 피 박사가 맡고, 학교 심리학자들은 훈련 전후로 IQ 검사를 실시했다. 훈련 이전 아이들의 IQ는 40~47 사이였다. 몇 개월에 걸친 알파파 동조 훈련 후 아이들의 IQ는 눈에 띄게 향상되어 정상에서 '약간 모자란' 81~87 정도를 기록했다.

많은 연구자들이 자폐증의 원인을 뇌의 각 부위가 하나로 결합해 의식을 조직해 내는 과정에 결함이 있기 때문이라고 본다. 이것은 자폐증이 뇌의 구조적 문제가 아니라 기능적 문제임을 암시한다. 워싱턴대학교의 한 연구에서는 사람들에게 눈을 감게 한 뒤 그들의 뇌파를 측정하는 방식으로 알파파를 연구했다. 연구자들은 자폐증 환자 그룹에서 뇌의 여러 영역, 특히 전두엽 부위의 소통이 원활하지 못하다는 사실을 발견했다. 전두엽은 사회화를 담당하는 뇌 부위로, 사회화가 뒤떨어지는 것이 바로 자폐증의 두드러진 특징이다.

카네기멜론대학교의 마셀 저스트Marcel Just 박사는 뇌파의 시차를 변화시키는 것에 그 답이 있다고 말한다. 미국 공영라디오 방송에서 그는 이렇게 말했다. "뇌의 여러 부위가 더 조화로운 방식으로 작동할 수 있도록 가르치는 훈련이나 치료를 생각해 볼 수 있습니다. 그런 훈련을 통해 뇌의 부분들이 서로 별개가 아니라 하나의 팀으로 기능할 수 있습니다."[2]

나는 두 명의 동료와 함께 자폐증이 있는 여덟 살 남자아이에게 알파파 훈련을 시킨 적이 있다. 서른한 차례의 훈련을 거치고 나서 아이는 모든 자폐증 진단 범주에서 긍정적인 변화를 보였다. 정서적으로 더 따뜻해졌고, 생전처음 여동생과 놀며 심지어 얼굴에 뽀뽀도 했으며, 형과 어깨동무를 하기도 했다.[3] 이 접근법은 치료 대안이 거의 없는 장애의 치료에 큰 의의를 갖는다. 다른 변수를 두지 않고 이 훈련만으로 실험을 실시해 보면 이 결과를 확증할 수 있을 것이다.

그러나 우리 문화에서 아동들의 초기 학습은 대부분 순차적으로 한 곳에만 주의를 기울이는 방식을 따르고 있다. 즉 좁은 대상형 주의를 통해 한 지점에서 다른 지점으로, 한 동작에서 다른 동작으로, 한 과정에서 다른 과정으로 옮겨가며 하나씩 주의를 기울이는 방식이다. 할 일 목록에서 항목을 하나씩 지워가며 과제를 수행하는 이런 식의 주의 방식은 순차 처리serial processing의 전형적인 예라고 할 수 있다. 이런 목표 지향적 과정에서는 주의의 대상을 단단히 붙들기 위해, 그리고 그 외의 어떤 것도 이를 방해하지 못하도록 하기 위해 주의가 좁아진다.

우리 문화에서 공교육은 대개 이런 순차 처리 과정에서 멈추고 만다. 이런 학습 방식도 가치가 있기는 하지만, 각각의 학습에는 그에 맞는 주의 방식이 요구된다. 예를 들어 음악이나 미술, 연기, 그리고 병렬 처리에 의존하는 여타 기술들에는 넓은 합일형 주의 방식이 더 적합하다. 좌뇌가 수행하는 과제라도 열린 주의 방식을 활용해 도움을 받을 수도 있다. 그럴 때 잘 지각되지 않는 미묘한 패턴들도 마치 배경에서 툭 튀어나와 있는 것처럼 눈에 더 쉽게 띌 수 있다. 주의의 범위가 넓어지고 몰입이 더 깊어지면 인간 관계와 학문, 직업, 운동 등 모든 영역에서 더 창조적인 문제 해결책을 더 쉽게 끌어낼 수 있다.

유연한 주의의 생활 방식

오픈 포커스가 가져다주는 다차원적 알아차림은 우리가 과거부터 이미 해왔던 일이건 새로 배우는 것이건 거의 모든 일에 활용할 수 있다. 테니스를 치는 경우를 생각해 보자. 자신에게 날아오는 공을 정확한 타이밍으로 되받아치는 것, 서비스를 넣는 것, 라켓 위치를 바르게 잡고 적절한 힘을 주는 것 등 테니스 칠 때의 모든 요소가 좁은 대상형 주의 방식의 도움을 받는다. 그러나 테니스는 적절한 위치를 잡는 동시에 라켓을 뒤로 가져가는 등 온몸을 조화롭게 사용하는 경기, 즉 병렬 처리도 요구하는 경기이다. 한 동작에 좁게 집중하고 또 다음 동작에 좁게 집중하는 방식으로는 최상의 기량을 발휘하기 힘들다. 여러 가지 과제를 병렬적으로 동시에 처리하기 위해 여러 주의 방식을 통합할 때―예를 들어 3차원 공간과 배경, 상대 선수의 위치를 동시에 인식하면서 공을 향해 달릴 때—자연스러운 통합과 부드러운 동작이 가능해져 기존과는 다른 플레이를 할 수 있다.

밴드에서 음악을 연주하는 것도 마찬가지다. 연주자는 다른 악기들의 소리를 모두 들으며 자신의 소리를 그 안에 섞어 넣어야 한다. 그것은 자신의 연주를 순차적으로 처리하면서 동시에 넓은 주의 상태로 다른 연주자들이 내는 소리도 들어야 한다는 얘기다. 만약 그가 아주 뛰어난 연주자라면 모든 개별 연주를 들으면서 동시에 그들을 통합된 전체로 지각하는, 목격자적 태도로 연주를 할 수 있을 것이다.

남녀가 섹스를 하는 중에는 감각적인 자극에 집중하는 것이 적절할 때가 있다. 그것은 성적인 욕구를 더욱 달구는 역할을 한다. 그러나 상대방을 그저 성적인 대상으로만 인식하는 좁은 초점 상태에 있으면 육체적 즐거움은 누릴 수 있을지 모르나 성기 혹은 신체를 초월해 두 사람의 결합이 주는 충만함과 풍요로움은 경험하지 못할 수 있다. 이때에도 오픈 포커스 주의가 필요하다. 오픈 포커스는 상대와 더 온전히 합일할 수 있게 하며, 전체 경험을 목격하고 그 속으로 즉시 들어갈 수 있게 한다. 이럴 때 섹스는 단지 감각적 욕망의 영역을 넘어 초월적이고 신성한 경험이 될 수 있다.

여러 주의 방식들이 적절히 균형을 이룬 상태에서 우리가 일을 한다면 힘을 덜 들이고도 더 좋은 결과를 만들어낼 수 있다. 어느 날 나는 로스앤젤레스의 리틀 도쿄(로스앤젤레스의 일본인 밀집 지역—옮긴이) 거리를 걸어가다가 팬케이크 공장의 앞 창문으로, 그릴에 서른 개 분량의 팬케이크 반죽을 계속해서 붓고 있는 사람을 보았다. 그는 매우 신속하게 움직이면서도 전혀 서두르는 기색이 없었다. 일정한 리듬으로 반죽을 부어 팬케이크를 만드는 그의 움직임은 애쓴다는 느낌 없이 자연스러웠다. 모든 직업에는 일은 더 쉽게 하면서도 스트레스는 덜 받는 자신만의 주의 방식 조합을—의식적으로든 무의식적으로든—찾아낸 사람들이 있다. 그러나 좁은 대상형 주의 방식이 지배하는 사회에서는 대부분의 사람들이 그렇지 못하다. 오픈 포커스 훈련으로 주의 방식의 최적 조합을 찾는 과정을 더 이상 우연에 맡기지 않고 의도적으로 추구할 수 있어야 한다.

오픈 포커스와 일상 생활

우리는 대부분 좁게 집중하는 습관에 매우 익숙해 있어 낮 동안 오픈 포커스를 해보자는 생각을 쉽게 떠올리지 못한다. 오픈 포커스 기술을 일상 생활의 모든 활동에 적용해 볼 목적으로 이 책에 수록된 연습들을 매일 실천한다 해도, 필요한 때 오픈 포커스를 떠올리지 못하는 것이다. 연습 세션을 마치고 얼마 되지 않았는데도 벌써 예전의 좁은 대상형 주의 상태로 돌아와 있는 자신을 발견할지도 모른다. 오픈 포커스 기술 자체는 어렵지 않지만, 필요한 순간 잊지 않고 떠올리기는 그렇게 만만한 일이 아니다. 오랜 시간에 걸쳐 좁은 주의 방식을 조금씩 강화시켜 왔기 때문이다. 초점을 열도록 스스로에게 계속 상기시킬 필요가 있다. 그러나 어떻게 그렇게 할 것인가?[4]

일상 생활에서 감정이나 몸의 감각에 불편함을 느낄 때 우리는 그것을 알아차림을 위한 기회로 삼을 수 있다. 부정적인 감정은 일종의 메시지이므로 그것을 회피하거나 밀어내려고 해서는 안 된다. 회피하거나 밀어내면 우리는 더 긴장하게 되고, 이는 결국 그 감정들에 더 힘을 실어주는 꼴이 된다. 다소 역설적이지만 불쾌한 경험을 해결하는 첫 번째 단계는 그 경험을 받아들이면서 동시에 그 주변의 감각들과 공간을 알아차리는 것이다. 그럴 때 고통스러운 느낌이 줄어들고 때로는 완전히 사라지기도 한다.

스스로에게 오픈 포커스를 상기시키는 방법은 여러 가지가 있다. 어떤 사람은 직장이나 집 안 여러 곳에 스티커나 포스트잇을 붙여놓는 것이 도움이 된다고 말한다. 상대방이 전화 받기를 기다릴 때, 운동할 때, 줄을 서서 기다릴 때, 건널목에서 신호를 기다릴 때, 청소할 때, 걸을 때, 샤워할 때 그것을 자신의 주의를 확장하는 기회로 활용할 수 있다.

현재 있는 자리에서 날마다 오픈 포커스 상태를 계발하고 유지하도록 도와주는 즉석 연습법들도 있다. 우리가 습관적으로 하는 좁은 주의 상태에서는 하나의 대상만 전경으로 삼고 주변의 모든 것은 배경으로 밀어낸다. 예를 들어 방 안의 꽃병에 주의를 집중할 경우 우

리는 벽과 가구, 카펫처럼 배경을 구성하는 것은 모두 무시하게 된
다. 여러 대상 중 한 대상만 선택하여 집중하는 데는 많은 에너지가
필요하다. 전경으로 간주하는 대상과 배경으로 간주하는 대상 사이
를 오가는 법을 배우고 이 둘을 동일한 관심을 갖고 볼 수 있다면, 그
것만으로도 우리는 에너지를 훨씬 줄일 수 있으며, 우리가 생성하는
뇌파와 우리가 생각하고 느끼는 방식까지 변화시킬 수 있다.

다음의 기술을 매일 활용해 보라. 그러면 우리는 경험에 스며 있는
공간, 고요, 영원을 의식 속에 받아들이는 것만으로—지하철을 탈
때든 컴퓨터 앞에 앉아 있을 때든 어디에서나—오픈 포커스 상태를
유지할 수 있다.

일상적인 일을 하면서 생각날 때마다 무한한 공간, 고요, 영원을
알아차려 본다. 물체들 사이, 그 주변, 그리고 물체를 관통하는 3차
원 공간을 알아차려 본다. 자신의 모든 감각, 즉 보는 것, 듣는 것,
느끼는 것, 맛보는 것, 냄새 맡는 것, 그리고 정신 활동과 시간에도
주의를 기울인다. 물체와 공간 모두를 주의의 대상에 포함시킨다.
모든 것에 스며들어 있는 공간을 알아차린다고 상상해 본다. 모든
것을 분명히 드러나게 해주는 배경 공간을 느낀다고 상상해 본다.

일상 생활을 하면서 이 연습을 한다면, 이는 빠르게 우리의 우뇌를
깨우고, 주의를 열어주며, 세상일에 대한 좌뇌의 장악을 느슨하게 해

줄 것이다. 우뇌를 활성화시키면 지각과 감각, 상상의 과정이 더 생생해져 우리는 더 편안하고 사랑이 많고 더 열린 상태가 된다. 네 가지 종류의 주의 방식(좁은 주의, 넓은 주의, 합일형 주의, 대상형 주의)을 유연하고 균형 있게 사용하게 될 때 이 같은 뇌 전체의 활동이 가장 잘 이루어진다.

긍정적이고 영구적인 변화는 연습을 통해 일어난다. 우리는 어렸을 때 특별히 배운다는 생각 없이 걷는 법이나 자전거 타는 법, 공 던지는 법, 피아노 치는 법을 배웠다. 그와 마찬가지로 오픈 포커스 기술도 우리 삶의 자연스러운 일부가 될 수 있다. 오픈 포커스 훈련은 사람들로 하여금 스스로 의식하지 못한 채 본능적으로 사용해 온 주의 방식을 깨닫게 한다. 그것은 어려서부터 자주 사용했던 주의 방식일 것이다. 하지만 오픈 포커스 상태를 경험하고 나면 우리는 이 방식으로 살면서 세계를 인식하고 그 안에서 편안한 느낌을 갖게 될 것이다. 그리고 그것은 지극히 자연스러운 존재 방식이 될 것이다.

오픈 포커스의 적용

오픈 포커스를 배운 전문가, 코치, 간병인 들은 이 기술을 자기 나름의 방식으로 적용하는 법을 찾아내기도 한다. 마사지 치료사인 앙투아네트는 마사지를 시작하기 전에 공간 등을 떠올리는 심상 기법으로 몇 분간 자신을 먼저 이완시킨 다음 고객의 이완을 돕는다. 고객의 근육에 경련이나 뭉침이 찾아지면 그녀는 그것을 엄지손가락이나 손으로 누르면서 고객에게 통증이 어떻게 느껴지고 얼마나 세게 느껴지는지에 주의를 기울이게 한다. 그리고 통증 해소를 돕기 위해 만든 질문들을 던진다. "통증 주변의 공간이 느껴지나요? 통증이 차지하고 있는 공간은요? 통증을 받아들이고 껴안을 때 그 공간이 통증 속으로 스며드는 것을 상상해 볼래요?" 이처럼 오픈 포커스 유도문을 활용하면 마사지 효과도 한결 좋아진다고 그녀는 말한다.

내 내담자 중 침술가가 한 사람 있는데, 그는 환자들이 신체를 통해 흐르는 미묘한 에너지인 기氣를 느끼게 하는 데 어려움을 겪고 있었다. 9개월 동안 하루 두 차례씩 오픈 포커스 연습을 하고 나서 그는 내게 이런 이메일을 보내왔다. "갑자기 전과는 다르게 침을 놓기 시작했어요. 그러자 환자들도 몸에서 기의 움직임을 느끼기 시작했고요. 오픈 포커스는 저뿐만 아니라 수많은 환자들의 삶에도 영향을 주었다는 말을 꼭 전하고 싶습니다."

교사, 의사, 심리 치료사, 변호사, 부모 등 누구나 유연하게 주의를 기울이는 법을 배울 수 있다. 오픈 포커스를 일상 생활에서 적용하면 직장이나 가정에서의 일이 한결 자연스럽고 수월해지며, 또 가족이나 회사 동료들에게도 유연한 주의가 어떤 것인지 보여주는 모범이 될 수 있다.

연습 The
Open-Focus
BRAIN

나는 지금 어떻게
주의를 기울이고 있는가?

오픈 포커스 알아차림을 일상에 적용하는 법을 익히기 위한 열쇠는 잠시 멈춰서 스스로에게 "나는 지금 어떻게 주의를 기울이고 있나?" 하고 물어보는 것이다. 이렇게 묻는 것이 습관이 될 때까지 계속한다. 다음은 우리가 오픈 포커스로 옮겨갈 때 자각해야 하는 주의들의 목록이다.

나는 지금 어떻게 주의를 기울이고 있는가?

보이는 대상과 공간에 좁게 주의를 기울이고 있는가?

들리는 소리와 고요에만 주의를 기울이고 있는가?

신체적·감정적 느낌과 공간에 대한 느낌에 좁게 주의를 기울이고 있는가?

냄새에 좁게 주의를 기울이고 있는가? 맛에는? 또 냄새와 맛이 존재하는 공간에는?

내면의 대화가 일어나는 배경인 내면의 고요에 좁게 주의를 기울이고 있는가?

내면의 이미지가 떠오르는 공간에 좁게 주의를 기울이고 있는가?

현재와 영원이라는 감각에, 그리고 지금 이 순간의 내 경험에 좁게 주의를 기울이고 있는가?

이들 감각 중 어떤 것이 나의 좁은 합일형 알아차림 속에 존재하는가?

나는 그런 감각들이 일어나는 공간을 좁게 대상화하는 동시에 그 공간과 넓게 합일될 수 있는가?

내면의 대화가 일어나는 마음의 공간, 마음의 고요와 하나될 수 있는가?

영원함 자체가 될 수 있는가?

지금 이 순간, 내가 어떻게 주의를 기울이고 있는지에 주의를 기울일 수 있는가?

얼마나 많은 감각들을 동시에 자각할 수 있는가? 그리고 얼마나 많은 감각들에서 공간을 느낄 수 있는가?

나는 어떤 감각(시각, 청각 등)에서, 그 감각의 대상과 그 감각이 일어나는 공간을 대상화하는 동시에 합일할 수 있는가?

나는 어떤 감각(시각, 청각 등)에서, 감각의 대상과 그 감각이 일어나는 공간에 좁게 주의를 기울이는 동시에 넓게 주의를 기울일 수 있는가?

내가 주의를 기울이는 방식에 주의를 기울이면, 어떤 방식으로 주의를 기울이고 있었는지 알 수 있는가?

각각의 감각(시각, 청각 등)에서 전경과 배경이 자유롭게 내 주의를 끌도록 할 수 있는가?

내가 주의를 기울이는 방식에 주의를 기울이는 것이 습관처럼 몸에 배었다면 그 느낌이 어떨까?

CHAPTER 10

주의와
심리 치료

The Open-Focus BRAIN

주의와 심리 치료

"과거는 결코 사라지지 않는다. 사실 과거는 '지나가지' 않았다."

—윌리엄 포크너William Faulkner,

《수녀를 위한 진혼곡Requiem for a Nun》 중에서

나는 내담자들이 지닌 문제를 직접적으로 다루는 대화 요법을 잘 사용하지 않는다. 그러나 환자가 가진 문제의 성격에 따라서는 대화 요법을 통한 심리 치료법을 사용해야 하는 경우도 있다. 사회복지사로서 오랜 기간 나와 함께 일한 직업적 파트너이자 나의 아내이기도 한 수잔 쇼 페미Susan Shor Fehmi는 정신역동적psychodynamic 대화 요법과 오픈 포커스 훈련을 통합하는 데 중요하고 독창적인 공헌을 했다. 아래 소개하는 내용은 이 두 접근법의 통합과 관련한 그녀의 경험과 견해에서 가져온 것이다.

아내의 내담자 중 글로리아라는 여성은 심리 치료를 받으면서, 어

릴 적 아버지와의 관계에서 느꼈던 무력감이 지금도 남성들, 특히 권위를 지닌 남성들과의 관계에 영향을 미치고 있다는 걸 잘 이해하게 되었다. 글로리아는 권위 있는 남성 주변에 가면 무력감을 느끼는 것이 어린 시절 아버지와의 경험에서 비롯된 것임을 머리로는 이해했다. 그리고 그런 이해가 그 감정으로부터 거리를 두는 데 도움이 되기도 했다. 하지만 무력감이 다시 엄습해 올 때면 그녀는 여전히 불안을 느꼈다.

한번은 치료 세션에서 글로리아가 상사와 있었던 일을 이야기했다. 그녀가 상사에게 말을 하던 도중 예의 그 무력감이 올라오기 시작했다는 것이다. 그녀는 즉시 이것이 어릴 적 느꼈던 감정이라는 걸 알아차렸고, 그 덕분에 글로리아는 과거의 그 감정을 현재 상황과 분리시켜, 상사에게 과민 반응하지 않을 수 있었다. 그러나 그녀가 상사와 이야기하던 중 느낀 불안을 수잔에게 설명하는 동안 그 무력감이 다시 올라왔다. 수잔은 즉시 글로리아에게 오픈 포커스 연습을 시켜서 무력감과 불안을 해소하도록 했다. 그런 다음, 이런 감정들이 최고조에 이를 때 그것을 해소하는 방법도 알려주었다.

시간이 지나면서 글로리아는 무력감과 불안감이 엄습해 오더라도 그것을 더 잘 해소할 수 있게 되었다. 3개월 후 글로리아는 이제 직장에서 무력감을 느끼는 일이 거의 없다고 했다. 그리고 무력감이 들 때는 자신이 지나치게 좁은 대상형 주의 상태에 있다는 걸 알아차릴 수 있었다. 그녀는 초점이 좁아지는 것을 알아차리면 주의를 넓게 확산시켰고, 그로써 더 쉽게 무력감과 하나가 되어 마침내 그것이 사라지게 할 수 있었다. 오래지 않아 글로리아는 자신의 모든 부정적인 감정에 이 방법을 적용할 수 있게 되었다. 오픈 포커스 훈련 없이 심리 치료만 가지고도 글로리아는 더 나은 삶을 살 수 있었을지 모른다. 하지만 그럴 경우 고통스러운 감정은 그대로 남아 있었을 것이다. 수잔의 견해에 따르면, 글로리아는 대화 요법만 사용했을 때보다 오픈 포커스를 함께 활용함으로써 더 빨리 만성적인 감정의 고통에서 벗어날 수 있었다.

대화 요법에서도 주의를 기울이는 방식은 매우 중요한 역할을 하지만 이 점이 제대로 인식되지는 못하고 있다. 좁은 대상형 주의는 불쾌한 감정과 골치 아픈 생각을 억압하는 데 사용하는 전략이다. 알파파는 이완된 뇌파 활동을 가리키기도 하지만, 또한 마음속의 억압된 내용물 그리고 과거의 트라우마나 감정적으로 힘든 기억으로 들어가는 문을 열어주는 주의 방식과 일치하는 것이기도 하다. 다르게 말하면 알파파 생성의 감소는 바로 억압 메커니즘의 결과인 것이다. 우리는 해로운 정신적 내용물이 우리의 의식에 떠오르지 않도록 하려고 거의 반사적으로 베타파는 더 많이, 알파파는 더 적게 생성한다. 유명 바이오피드백 치료사인 안나 와이즈Anna Wise는《최고 기량을 내는 마음가짐The High-Performance Mind》이라는 책에서 알파파를 "무의식으로 들어가는 다리"라고 표현한 바 있다.

감정 치료와 성장에서 주의의 역할

주의는 억압의 기제에서 핵심적인 역할을 한다. 마음이 시끄러운 소음에서 다른 대상으로 주의를 돌려 그것을 피할 수 있는 것과 마찬가지로, 마음은 원하지 않는 감정 요인에 주의를 주지 않는 방식으로 그것을 떨쳐낸다. 우리는 무엇을 알아차림 영역에 포함시키고 무엇을 제외할지 결정하기 위해 언제나 주의 기술을 사용하고 있다.

우리는 피하고 싶은 생각과 느낌, 기억으로부터 주의를 돌려 좁게 집중하는 데 아주 능숙해서 때론 그런 것들을 수년간 혹은 평생 동안 밀어낸 채 살기도 한다. 이렇게 성공한 억압이 모두 나쁜 것만은 아니다. 감정적으로 힘든 시기를 극복하는 데 도움을 줄 수도 있기 때문이다. 그러나 억압이 불완전할 때, 그래서 억압된 기억이나 감정이 의식에 다시 나타나게 될 때, 우리는 그것들에서 다른 것으로 좁게 주의를 돌림으로써 그 기억이나 감정을 다시 억압하고자 하는 실수를 저지른다. 그런데 이번에는 그 전략이 잘 먹히지 않는다. 고통스러운 감정 요인이 의식에 떠오르는 것을 더 이상 억압할 수 없을 때 사람들은 대개 심리 치료를 찾는다.

전통적인 심리 치료는 무의식에서 떠오르는 느낌과 인상이 의식 속에서 제자리를 찾도록 만든다. 이를 위해 고통스러운 상황의 재현과 이해, 또 그것으로부터 통찰을 얻는 방식을 사용한다. 꿈 분석이나 말실수, 유머, 자유 연상 등은 모두 불안과 같은 유해한 경험의 근원에 대한 단서를 제공하는 정신역동적 도구들이다. 일단 불안의 근원을 확인한 뒤 그 고통스러운 경험을 이해하고 그것을 의식적인 알아차림 안에 통합하게 되면 불안이 사라지도록 하는 데 도움이 될 수 있다.

그런데 이런 치료 과정도 실은 주의 훈련의 한 가지 형태이기도 하다. 왜냐하면 대화 요법에서 실제로 일어나는 일은 주의를 단계적으로 열어 이제까지 오직 좁은 대상형 주의만 기울이며 쌓아온 괴로운 감정의 내용물 속에 하나로 녹아드는 것이기 때문이다. 이제까지 억압되어 있던 기억이나 감정이 일단 의식 속으로 들어오면 이 기억이나 감정은 '지금 여기'의 경험 속으로 통합된다.

사람들이 이렇게 잘 생각하지는 않지만, 실제로 주의를 기울이는 과정은 심리 치료의 핵심이라고 할 수 있다. 예를 들어 뛰어난 심리 치료사는 내담자가 더 열려 있고 넓고 몰입된 방식의 주의로 전환하는 것이 중요하다는 사실을 직관적으로 이해하고 있으며, 이러한 전환은 느린 뇌 주파수의 생성 같은 신경학적 효과도 가져온다. 넓은 합일형 주의는 뇌가 빠르게 진동하는 긴급 상황에서 쌓인 기억들을 안정된 각성 상태에서 의식의 표면으로 떠오르도록 만들어 그것을 처리할 수 있게 해준다.

프로이트Sigmund Freud는 억압된 사고와 감정을 형성하고 해소하는 데 주의가 어떤 역할을 하는지 어느 정도 이해했던 것 같다. 그의 환자들은 조용하고 불빛이 은은한 방에서 치료사로부터 얼굴을 돌린 채로 소파에 눕는다. 환자들은 치료사의 개입이 거의 없이 자유 연상을 하도록 권장받는다. 오히려 특정 대상에 특정 방식으로 주의를 집중하지 말라는 요청을 받는다. 방해 요소가 없으면 환자는 자신의 생각과 느낌이 자연스럽게 떠오르도록 하면서 어떤 검열이나 방해도 받지 않는 의식의 흐름 속에서 그것들을 이야기할 수 있다. 이것은 어쩌면 프로이트가 환자들에게 넓은 합일형 주의 방식을 계발하도록 도와준 게 아닐까 싶다. 그렇게 하면 환자가 겪는 감정적 고통은 그의 전체 알아차림 중의 아주 작은 부분으로 축소된다. 감정적 고통을 넓은 주의 상태에서 경험하면 그것을 경험하기가 훨씬 수월해진다. 그리고 더 깊이 억눌려 있어서 아직 발견되지 않은 고통까지도 기꺼이 떠오르도록 허용하게 된다.

현대의 모든 대화 요법은 이런 기술을 어느 정도씩 사용하고 있다. 환자의 알아차림 능력을 점진적으로 열어주고 감정이 자유롭게 떠오르도록 한 뒤 그 감정들을 통합하도록 이끄는 것이다. 심리 치료를 장기간 받다 보면 자신의 기억과 감정에 주의를 기울이는 방식이 변화한다. 그것들에 서서히 자신을 열고 그 강렬한 감정적 짐과 화해하게 된다. 나아가 뛰어난 치료사라면 스스로 주의 방식의 모범을 보임으로써 내담자가 오픈 포커스 상태를 유지할 수 있도록 돕는다. 프로이트도 자신이 "고르게 주의를 기울여" 환자들의 말을 듣는다는 표현을 쓰기도 했다.

모든 형태의 심리 치료에서 주의는 환자의 감정이 위로 떠올라 의식적인 알아차림 속에 통합되도록 하는 데 핵심 역할을 한다. 오픈 포커스 훈련은 우리의 기억뿐만 아니라 몸속에까지 축적된 그러한 감정들과 하나가 되어 그것들을 해소하는 데 사용할 강력한 도구를 제공한다.

우리는 대개 문제의 내용만 보고 그 과정은 무시하는 습관이 있다. 감정적 고통의 특정 내용에만 집중할 뿐 자신이 고통 자체에 주의를 기울이는 방식—고통으로부터 다른 데로 주의를 돌려 고통을 회피 하려고 하는 방식—은 잘 살펴보려 하지 않는다. 고통에 주의를 기울이는 방식을 바꾸는 것은 궁극적으로 훨씬 만족스러운 삶을 살게 해준다. 내용만 보지 말고 과정도 함께 볼 수 있다면, 패러다임에 변화가 일어나고 새로운 주의 도구가 주어질 것이다.[1]

간단히 말하면, 유연하게 주의를 기울이는 방식을 발전시킬 때, 우리는 주의를 기울이고 있는 내용물에 대한 과도한 집착과 경직, 강박, 억압, 우울, 저항, 분리, 외로움, 중독, 억제, 신경증, 불안 등의 반응을 완화할 수 있다.

오픈 포커스와 대화 요법의 결합

처음에 수잔은 오픈 포커스와 심리 치료를 어떻게 결합해야 할지 확신하지 못했다. 그것은 나도 마찬가지였다. 수잔은 심리 치료를 받으러 온 내담자에게 그들이 기대하는 치료를 해줘야 한다고 생각했다. 그리고 실제로 어떤 내담자들은 고통스러운 감정을 받아들이는 능력을 키우기 위해 자신이 행동하고 느끼고 생각하고 경험한 일에 대해 이야기할 필요가 있다고 느꼈다. 처음에 우리는 두 가지 방식으로 치료를 진행했다. 즉 어떤 내담자에게는 기존의 대화 요법을 사용하고, 어떤 내담자에게는 오픈 포커스 훈련과 뉴로피드백을 실시했다.

얼마 지나지 않아 수잔은 오픈 포커스 훈련을 실시한 많은 내담자들이 기존의 심리 치료에서 다루는 동일한 이슈들을 상당수 저절로 해결해 가기 시작했다는 사실을 알게 되었다. 놀랍게도 그들은 자신의 문제를 더 쉽고 더 완전하게 해결하고 있었다. 수잔과 나는 시험적으로 두 가지 방법을 결합해 보았다. 그 결과 수잔은 오픈 포커스와 정신역동적 심리 치료를 병행하는 것이 아주 절묘한 결합이라는 것을 알게 되었다.

내담자의 '큰 문제'가 대화 요법으로 잘 해결된 뒤에도 불안을 비롯한 기타 증상이 어느 정도 남아 있게 되는데, 이때 오픈 포커스 훈련(특히 통증 해소 연습)은 남아 있는 감정들—주로 신체적·감정적 고통에 대한 내담자의 습관적 집착—을 신속하게 '청소하는' 데 매우 유용했다. 치료 방법에 이렇게 변화를 주자 대화 요법만 사용하던 것보다 훨씬 효과가 좋았다. 오픈 포커스는 내담자의 생리 기능을 정상화하고, 내담자가 자신의 생각과 기억에서 일어나는 고통스러운 감정을 더 쉽게 받아들이도록 함으로써 치료 과정을 더 촉진시켜 주었다. 내담자들은 자신의 주의를 확장시켜 고통스러운 감정과 하나가 될 때 그 감정이 훨씬 쉽게 해소된다는 걸 알게 되었다. 나아가 이 모든 과정에서 내담자는 불안을 훨씬 덜 느꼈다. 그것은 내담자가 더 크고 포괄적인 주의 영역에 접근할 수 있었기 때문이다. 이제 내담자는 한 가지 대상에만 주의를 온통 쏟는 일 없이 그 대상은 물론이고 대상 주위의 공간과도 하나가 될 수 있었다. 불안은 커다란 알아차림 속의 작은 일부가 되었다.

오픈 포커스는 몸에서 일어나는 감정적 느낌에 대해 기존의 심리 치료 접근법과 다른 견해를 취한다. 기존의 심리 치료는 신체에서 나타나는 감정적 느낌을 내담자의 진짜 감정을 억압하는 데 사용되는 방어기제의 일종인 '신체 전위轉位(somatic displacement)'(억압된 감정이나 심리적 갈등이 신체적인 병이나 증상 등으로 전화되어 나타나는 것을 말한다―옮긴이)로 본다. 그 반면 오픈 포커스에서는 신체에 나타나는 느낌을 문제의 필수 부분으로 간주하고 그것을 몸에서 찾아 해소하고자 한다.

넓은 주의 상태를 유지하면서 통증과 합일하는 능력은 날마다 벌어지는 삶의 치열한 전투에서 우리 모두 배울 필요가 있는 것이지만, 이 능력은 특히나 인생의 가장 힘든 경험이 드러나는 심리 치료에서 유용하다. 문제가 공황 발작이든, 공포증이든, 역기능적인 대인 관계 패턴이든, 혹은 억압된 생각이나 기억, 느낌이든 오픈 포커스 기술은 이것들을 약화시키거나 제거하는 강력한 방법이다. 우리가 문제 해결 도구를 갖고 있다는 사실을 알면서 이런 감정과 패턴을 기꺼이 받아들이게 되면 우리의 개인적 삶과 대인 관계는 근본적으로 변화할수 있다. 오픈 포커스는 모든 내담자에게 치료를 시작하는 완벽한 출발점이 될 수 있다. 그리고 많은 경우 오픈 포커스는 전반적인 건강을 가져오는 데 필요한 전부이기도 하다.

오픈 포커스로
사고하기

우리 자신과 생각의 관계만큼 좁은 대상형 주의가 집요하게 작용하는 것도 없다. 우리는 생각의 내용과 자기 자신을 동일시하며, 우리가 실은 생각보다 더 큰 존재임을 깨닫지 못한다. 우리는 생각이 일어나는 콘텍스트이기도 한데 말이다. 그러나 스스로를 그렇게 경험하기 위해서는 먼저 자신의 생각에 주의를 기울이는 방식이 유연해져야 한다. 이 연습을 통해 우리는 생각에, 또 생각이 감각이나 공간, 시간 등 다른 알아차림 요소들과 맺고 있는 관계에 지금까지와는 다른 주의 방식을 시도해 볼 수 있다.

사고의 과정도 우리가 보고 듣고 느끼는 것과 똑같이 명확한 하나의 감각으로서, 여러 유형의 정신적 내용물을 담고 있다. 우선 자기 대화 혹은 내면의 독백이 있다. 이것이 '생각하기' 하면 대부분의 사람들이 떠올리는 것이다. 또한 우리는 현재 또는 기억 속의 시각 이미지나 상상으로 만들어낸 시각 이미지를 정신적으로 경험하기도 하며, 이 두 가지가 결합된 이미지를 정신적으로 경험하기도 한다. 이런 다양한 형태의 생각에 따라서 느낌이 일어날 수 있다. 이것이 생각 목록의 전부는 아니지만, 이 연습에서 말하는 '생각하기thinking' 또는 '생각thought'은 정신적 내용물에 주의를 기울이는 걸 가리킨다는 점을 이해할 필요가 있다. 또한 이 연습에서 생각이 일어나는 신체 위치를 찾아보라고 할 때, 그것은 당신이 신체 차원에서 생각에 대한 경험을 어떻게 풀어낼 수 있는지 발견하도록 하기 위한 것이지, 실제로 그 특정 부위에서 정교한 정보 처리가 일어나고 있다는 뜻은 아니라는 걸 기억하기 바란다.

유도문

어떤 생각이든 일어나는 생각에 잠시 주의를 집중해 봅니다. 생각에는 시각 이미지, 느낌, 내면의 대화, 또는 여러 유형의 지각이 모두 포함될 수 있습니다.

생각에 주의를 집중하면서 그 생각이 일어나는 공간을 알아차려 봅니다. 생각은, 시각적 공간이나 감정적 공간 혹은 고요 속에서 일어나고 있을 것입니다. 자신의 생각이 고요 속에서 일어나는 내면의 목소리로, 혹은 내면의 대화로 지각될 수도 있을 것입니다.

생각이 일어나는 공간이나 고요를 경험하면서 동시에 생각에도 집중해 봅니다.

생각을 경험하면서 생각이 일어나는 현재 위치에 주의를 집중하고, 또 생각이 일어나는 정신적 공간 또는 고요를 경험하면서, 동시에 자신의 몸 전체가 현존하고 있음을 느껴봅니다.

자신의 생각과 그 생각이 일어나는 공간을 알아차리면서 동시에 온몸의 현존감을 느끼고, 동시에 몸을 둘러싼 공간을 느껴봅니다.

몸의 현존감과 감정, 그리고 그것들이 일어나는 공간을 생각의 배경으로 느끼면서, 그 공간 속에서 생각이 자연스럽게 흐르는 것을 상상합니다.

생각의 자유로운 흐름과 생각이 일어나는 공간에 주의를 집중하면서, 동시에 소리와 소리가 일어나는 고요를 생각의 배경으로 삼아봅니다.

생각과 그 생각이 일어나는 마음의 공간에 주의를 집중하면서, 동시에 느낌과 청각 그리고 그것들이 일어나는 공간과 고요가 그 생각의 배경이 되고 있음을 상상해 봅니다.

생각이 일어나는 공간 속에서 생각이 자유롭게 흐르는 것을 자각하면서, 동시에 맛과 그 맛이 일어나는 공간이 생각의 배경이 되도록 합니다.

생각과 그 생각의 자유로운 흐름을 계속 알아차리면서, 미각과 청각,

느낌이 생각의 배경이 되도록 허용합니다.

생각과 그 생각이 일어나서 잠시 머물다 흩어지는 공간에 주의를 집중하면서, 어떤 냄새가 되었든 그 냄새가 일어나는 공간이 생각의 배경이 되도록 허용합니다. 이때 생각은 전경이 되고, 냄새와 그 냄새가 일어나는 공간은 배경이 됩니다.

이제 냄새뿐 아니라 맛, 소리, 느낌, 그리고 이 네 가지 감각이 일어나는 공간까지를 배경에 포함시키면서, 전경인 생각에 주의를 집중합니다.

생각과 그 생각이 일어나는 공간에 주의를 집중하면서, 눈에 보이는 공간과 대상들을 생각의 배경으로 삼습니다.

이제 냄새, 맛, 소리, 느낌, 그리고 이 감각들이 일어나는 공통의 공간인 고요를 배경에 포함시키면서, 계속해서 생각과 그 생각의 흐름에 주의를 집중합니다.

생각과 그 생각이 일어나는 마음의 공간, 마음의 고요에 계속 주의를 두면서, 시간에 대한 감각, 지금 이 순간에 대한 감각, 그리고 이러한 감각이 일어나는 영원성을 생각의 배경으로 받아들여 봅니다.

이제 보고, 느끼고, 맛보고, 냄새 맡고, 듣는 것을, 그리고 그 공통의 배경인 고요와 공간, 영원성을 생각의 배경 속에 포함시킵니다.

생각 또는 생각의 과정이 일어나는 신체 부위에 주의를 집중해 봅니다. 몸속 어디에서 생각이 일어나는지 느낄 수 있나요?

생각의 근원이 어디인가요? 발인가요? 다리인가요? 손? 아니면 팔? 생각이 일어나는 곳이 몸의 아래쪽인가요? 중간쯤인가요? 상체인가요? 목? 얼굴? 아니면 머리인가요? 몸 어디에 이 사고 과정의 중심이 있나요?

온몸과 함께 몸의 모든 감각을 동시에 느끼면서, 생각에 계속 의식을 집중합니다. 그리고 몸속 공간 어디에서 생각이 일어나 잠시 머물다가 다른 생각에 자리를 내주며 사라지는지 가만히 지켜봅니다.

생각의 흐름에 의식을 집중하는 동시에 이러한 생각이 일어나는 배경의 감각들과 공간에, 그리고 몸의 감각들이 떠도는 3차원 공간에 주의를 집중합니다. 그리고 이 3차원의 신체 공간 속 생각의 근원이 자리한 곳에 의식을 집중해 봅니다.

고요 속에서 내면의 목소리가 일어나는 위치를 상상해 봅니다. 시각 이미지는 어디에 위치하고 있나요? 생각의 자유로운 흐름에 의식을 집중하는 동시에, 생각과 그 생각이 일어나는 공간적 위치에 똑같이 주의를 기울이면서 그 생각이 떠오르는 물리적 공간을 알아차려 봅니다.

생각과 생각의 과정, 그 생각의 근원이 자리한 위치, 그 위치가 있는 공간에 의식을 집중하면서, 그 배경으로서 자아 감각이나 자기 인식에도 주의를 기울입니다.

생각 및 그 생각의 근원과 하나된 자아를 배경으로 인식하면서, 동일하게 그리고 동시에 이 자아가 생각과 생각의 근원, 그리고 그것들이 일어나는 공간과도 하나되는 것을 상상해 봅니다.

생각과 그 생각의 근원을 새롭게 알아차릴 때마다 자아 감각이 생각과 그 생각의 근원, 그리고 그것들이 생겨나는 공간과 더 고르고 온전하게 하나가 되는 것을 상상해 봅니다.

일상 중 틈틈이, 다른 일들을 하는 도중에도 이 연습을 해봅니다.

오픈 포커스 상태에서 보기

시각은 인간의 주요 감각이다. 세상을 바라보는 방식을 바꾸는 것은 스트레스를 해소하는 가장 효과적인 방법이다. 훈련을 통해 시각의 범위를 넓히는 동시에 시각 대상 및 공간과 하나가 됨으로써 가장 빠르고 효과적으로 시각적 긴장과 스트레스를 줄일 수 있다.

이 시각 연습은 우리가 전경(바라보고자 하는 대상)이라고 여기는 것과 배경이라고 여기는 것에 변화를 줄 것이다. 또한 좁은 대상형 초점 상태로 들어가고 나오는 것이 어떤 것이며, 그에 따른 긴장이 어떻게 변화하는지도 분명하게 경험할 수 있도록 해줄 것이다. 유도문과 유도문 사이에 15초의 간격을 둬 주의의 전환, 전경과 배경의 전환이 실제로 일어날 수 있도록 한다.

준비

눈을 뜬 채로, 눈높이에 걸려 있는 그림을 보며 부드럽게 몸을 세우고 앉는다. 꼭 그림이 아니라도, 창문을 통해 들어오는 경치를 바라봐도 좋다. 어떤 그림이어도 상관없고, 창문이라도 괜찮다. 중앙에 형체가 들어가 있으면 된다.

유도문

그림이나 창문 밖 풍경 가운데서 두드러져 보이는 대상 하나를 골라 그것에 주의를 집중합니다. 그 대상 주변의 것은 주변부 인식(알아차림) 안에 둡니다. 즉 그림이나 풍경 속 이미지 중 자신이 지금 집중하고 있는 대상 외의 나머지 부분은 시각 인식의 배경이 되도록 합니다.

이 연습을 하는 내내 시선을 그 대상에 집중합니다. 다른 시각 경험을 언급하더라도 처음에 집중한 대상에서 시각의 중심을 옮기지 않으면서, 다만 초점을 넓혀 새롭게 나타난 대상을 그 안에 포함시켜 나아갑니다.

이제 전경과 배경의 인식 과정을 뒤집어서, 전경이 뒤로 물러나고 배경이 앞으로 나오도록 해봅니다. 배경에 대한 관심과 밝기는 키우고 전경에 대한 관심은 뒤로 물러나 줄어들게 해보는 것입니다. 조금 전 전경이던 것이 지금은 배경이 되었고, 시각의 중심은 그대로인 상태에서 이제 배경이던 것이 전경이 되었습니다.

이제 전경과 배경에 똑같이 그리고 동시에 주의를 기울여봅니다. 그림이나 풍경의 어떤 부분도 더 이상 '이것은 전경'이고 '저것은 배경'이라고 구분할 수 없게 해보는 겁니다.

이제 그림 전체 또는 창문 속 전체 풍경을 전경으로 두고, 그림이 걸려 있는, 또는 창문이 나 있는 벽을 배경으로 인식해 봅니다.

이제 다시 이 과정을 뒤집어, 배경의 벽이 두드러져 보이도록 하고, 조금 전 전경이었던 그림과 창문 속 풍경은 배경으로 물러나도록 해봅니다. 이번에도 시선을 전혀 이동하지 않은 상태에서 벽이 전경이 되고 그림이나 풍경이 배경이 되도록 합니다.

이제 그림이나 풍경, 그리고 벽에도 똑같이 주의를 기울여봅니다. 둘 중 어느 것도 서로에 대해 전경이나 배경이라고 할 수 없는 상태가 되도록 합니다.

이제 그림이나 창문을 포함한 정면의 벽 전체가 전경이 되고, 그 옆쪽의 벽이나 천장, 바닥, 눈에 보이는 모든 사물과 사람을 배경이 되게 해봅니다.

이제 이 과정을 뒤집어 옆쪽 벽, 천장, 바닥 등 눈에 보이는 모든 대상들이 전경이 되게 하고, 조금 전 전경이었던 정면의 벽이 배경으로 물러나도록 해봅니다. 이번에도 시선을 움직이지 않은 상태에서 주변에 보이던 것이 전경이 되고, 중앙에 보이던 것이 배경이 되도록 합니다.

이제 정면의 벽과 그 주변에 보이는 모든 것에 똑같이 그리고 동시에 주의를 기울여, 자신이 보고 있는 것의 어떤 부분도 '이것은 전경'이고 '저것은 배경'이라고 구별할 수 없도록 해봅니다.

이제 보이는 모든 것들, 예컨대 사람이나 가구, 물건, 벽과 천장, 바닥 등을 전경으로, 그리고 이 대상들이 존재하는 공간과 대상들 사이사이의 공간, 대상들 속의 공간을 배경으로 인식해 봅니다.

이제 다시 이 과정을 뒤집어 공간이 전경이 되도록 합니다. 공간 속에 존재하고 있는 대상보다 공간 자체에 더 관심을 두는 겁니다. 이렇게 공간을 전경으로 경험할 때 공간 속 대상들은 배경으로 물러나게 됩니다.

이제 공간을 포함해 눈에 보이는 모든 것에 똑같이 그리고 동시에 주의를 기울여봅니다.

이제 시각적으로 인식하는 공간과 대상들을 전경으로, 그리고 3차원 공간 속에 일어나는 소리를 그에 대한 배경으로 인식해 봅니다.

이제 이 과정을 뒤집어 고요와 고요 속에 일어나는 소리에 주의를 집중하고, 공간과 대상들에 대한 시각적 인식을 배경으로 물러나게 합니다.

이제 보이는 것과 들리는 것, 그리고 그것들이 일어나는 공간과 고요에 똑같이 그리고 동시에 주의를 기울여, 그중 어느 쪽도 다른 쪽의 전경이나 배경이 되지 않도록 합니다.

이제 다시 공간에 대한 시각적 인식이 그 공간에서 보이는 대상들 속에 스며들게 해, 그 공간과 대상들을 전경으로 삼고, 몸 전체의 현존감, 지금 순간의 모든 느낌이나 감정, 그리고 몸 주위와 몸을 관통하는 공간에 대한 느낌을 그 배경으로 삼아봅니다.

이제 이 과정을 뒤집어 공간과 몸, 감정에 대한 느낌을 전경으로, 공간과 대상들에 대한 시각적 인식을 이 느낌의 배경으로 삼아봅니다.

이제 보는 것과 느끼는 것 모두에 똑같이 그리고 동시에 주의를 기울여서, 보는 것과 느끼는 것 중 어느 쪽도 다른 쪽의 전경이나 배경이 되지 않도록 합니다.

이제 고요와 이 고요 속 소리를 듣는 것까지 포함해서, 보고 듣고 느끼는 것 모두를 똑같이 그리고 동시에 경험해 봅니다.

이제 맛과 이 맛이 일어나는 공간에 주의를 집중하면서 그것들을 전경으로 삼고, 눈으로 보고 있는 대상들과 공간을 이 맛보기의 배경으로 삼습니다.

이제 이 과정을 뒤집어 눈으로 보고 있는 대상들과 공간을 전경으로 삼고, 맛과 이 맛이 일어나는 공간을 그에 대한 배경으로 삼아봅니다.

이제는 보고 맛보는 감각과 그것들이 일어나는 공간에 똑같이 그리고 동시에 주의를 기울여봅니다.

이제 여기에 느끼고 듣는 감각까지 포함해 보고 맛보고 듣고 느끼는 네 가지 감각과 그것들이 일어나는 공통의 공간, 즉 고요에 똑같이 그리고 동시에 주의를 기울여봅니다.

이제 냄새와 냄새가 일어나는 공간에 주의를 집중하면서 그것들을 전경으로 삼고, 눈으로 보고 있는 대상들과 공간을 배경으로 삼습니다.

이제 이 과정을 뒤집어 눈으로 보고 있는 대상들과 공간이 전경이 되고, 공간과 냄새가 배경이 되도록 합니다.

보는 것과 냄새 맡는 것을 똑같이 그리고 동시에 경험함으로써 어느 쪽도 다른 쪽의 전경이나 배경이 되지 않도록 합니다.

이제 여기에 맛보고 느끼고 듣는 것까지 포함해 다섯 감각 모두에 공통된 공간과 각각의 감각 대상들까지 동시에 그리고 똑같이 주의를 기울여봅니다.

이 다섯 감각이 동시에 나타나는 동일한 공간을 상상해 봅니다.

이제 생각—시각 이미지, 내면의 대화, 그리고 이것들이 나타나는 공간까지를 포함하여—을 전경으로 삼고, 눈으로 보고 있는 대상과 공간을 배경으로 삼아 주의를 기울여봅니다.

이제 이 과정을 뒤집어 눈으로 보고 있는 공간과 대상들을 전경으로 삼고, 생각과 시각 이미지가 나타나는 공간과 내면의 대화가 일어나는 고요를 배경으로 삼아봅니다.

이제 보고 있는 대상들과 공간에, 그리고 생각하고 있는 대상들과 공간에 똑같이 그리고 동시에 주의를 기울여봅니다.

이제 여기에 냄새 맡고 맛보고 느끼고 듣는 감각까지 포함하여 이 모든 감각 경험들과 그 감각들이 나타나는 공간을, 모두가 똑같이 주의를 받는 동일한 경험의 장이 되게 해봅니다.

모든 감각과 그 감각들이 나타나는 공간을 동시에 그리고 똑같이 알아차리면서 그 속에 온전히 잠겨 쉬어봅니다.

이제 영원의 감각에 몸을 담근 채 지금 이 순간에 자신이 현존한다는 느낌을 전경으로 삼고, 보이는 공간과 대상들을 배경으로 삼아 주의를 기울여봅니다.

이제 이 과정을 뒤집어 눈에 보이는 공간과 대상들을 전경으로 삼고, 시간과 영원에 대한 감각을 그 배경으로 삼아봅니다.

이제 시각적 경험과 시간적 경험, 공간과 영원에 똑같이 그리고 동시에 주의를 기울여봅니다.

이제 다른 감각들, 즉 냄새 맡고 맛보고 듣고 보고 느끼는 감각, 그리고 마음이나 생각에, 그것들이 나타나는 공간과 고요까지를 포함하여 모든 감각이 전경도 없고 배경도 없이 똑같이 주의를 받는 동일한 경험의 장이 되게 해봅니다.

이제 이 시각, 청각, 후각, 미각, 촉각, 마음 혹은 생각으로 나타나는 감각들과, 그 감각들이 일어나는 공간을 전경으로, 그 감각들을 일으키는 기관들, 즉 눈과 귀, 코, 혀, 몸과 뇌를 배경으로 삼아 봅니다.

이제 이 과정을 뒤집어, 청각, 후각 등의 모든 감각 경험과 그것이 일어나는 공간을 배경으로, 눈과 귀와 같은 감각 기관들과 그것을 둘러싼 공간을 전경으로 경험해 봅니다.

이제 감각과 감각 기관 그리고 그것들이 나타나는 공간 모두에 똑같이 그리고 동시에 주의를 기울입니다.

감각과 감각 기관에 대한 다중 감각적 경험 및 그것들이 일어나는 공간을 전경으로, 이 모든 것을 알아차리고 있는 자아에 대한 감각이나 인식을 그 배경으로 삼아봅니다.

이번엔 거꾸로 자아에 대한 감각 또는 자기 인식을 전경으로 삼고,

감각과 감각 기관, 그리고 그것들이 존재하는 공간을 그 배경으로 삼아봅니다.

이 자아에 대한 감각과 이것이 일어나는 공간, 그리고 모든 감각들과 감각 기관 및 그것들이 존재하는 공간에 똑같이 그리고 동시에 주의를 기울여봅니다.

이제, 자기 인식이 여러 감각과 감각 기관, 또한 그것들이 존재하는 공간과 하나되는 것을 상상해 봅니다.

자신의 모든 감각이 배경으로 물러나면서 지금 이 순간 속에 자기에 대한 인식이 새롭게 드러나는 것을 상상해 봅니다.

이 자기 인식이 균형이 잡히고 중심이 잡혀 그 인식의 중심과 주변에 존재하고 있는 다른 모든 경험과 자연스레 하나가 될 때까지, 이 과정을 계속 반복합니다.

이 연습의 전부 혹은 일부를 하루 종일 반복해 봅니다.

오픈 포커스, 불안과 고통에서 해방되는 효과적인 기술

> "인간은 힘이 아니라 이해를 통해 자연을 정복한다."
> —제이콥 브로노프스키Jacob Bronowski,
> 《과학과 인간 가치Science and Human Values》

아메바는 빛, 온도, 진동, 촉감, 화학 물질 등 다양한 자극의 바다를 떠다닌다. 세포막 표면에 원시적 감각 기관들이 산재되어 있는 하등 동물인 아메바이지만, 어떤 자극에 대해서는 다가가고 어떤 자극에 대해서는 회피할 줄 안다. 아메바 역시 주의를 기울이는 능력이 있음을 보여주는 것이다. 예컨대 아메바가 음식 한 조각에 대해 반응하는 것은 먼지나 뜨거운 빛에 반응하는 것과는 다르다.

가장 단순한 생물에서부터 가장 복잡한 생물에 이르기까지 모든 유기체는 주변의 자극에 둘러싸여 있다. 아메바 같은 단세포 유기체도 아주 원시적인 방법이긴 하지만 자극을 구분하고 반응할 줄 안다.

그런데 진화 나무의 위로 올라갈수록 유기체는 더 복잡한 구조를 보인다. 해파리의 신경망부터 지렁이의 척수와 신경절, 그 위로 인간을 포함한 척추 동물의 복잡한 중추 및 말초신경계에 이르기까지 점점 더 복잡한 모습을 보이는 것이다. 이처럼 하부 시스템을 제어하는 해부학적 구조가 복잡해짐에 따라 주의를 기울이는 능력도 더 정교한 방식으로 진화한다. 즉 자신의 주의 방식을 더 잘 의식하고 더 잘 알아차리려는 진화의 충동은 자신에게 필요한 주의 방식을 의식적으로 선택할 수 있게 해 수행 능력을 향상시키고 최적화시킨다.

따라서 생명체가 진화해 간 주된 방향의 하나는 바로 주의 메커니즘을 향상시키는 것이었다고 할 수 있다. 주변 환경에 대해 더 많은 양질의 정보를 확보할 수 있다면, 유기체는 한결 정확하게 자신에게 적합한 반응을 가늠하고 선택할 수 있다. 이 과정은 지구상의 생명체 중 가장 정교한 식별 능력을 지녔다고 할 수 있는 인간에게서 그 절정에 이른다. 아메바가 적당한 크기의 음식 입자라면 무조건 삼키는 데 비해, 인간은 같은 과일이라도 일정한 모양으로 잘 익은 과일을 선호하는 것이다.

그러나 인간이 다른 생명체와 구별되는 가장 두드러진 ─ 섬세한 식별 능력과 정교한 신체 동작보다 더 두드러진 ─ 특징은 아마도 '우리가 어떻게 주의를 기울이는지에 주의를 기울일 수 있는' 능력이라고 해야 할 것이다. 이 능력이야말로 인간 진화의 정점이다.

주의 기술을 통해 우리는 자신이 경험하는 현실을 바꿀 수 있다.

우리 한 사람 한 사람은 진정한 의미에서 자기 삶의 창조자라고 할 수 있다. 우리는 우리가 일반적으로 살고 있는 현실과 전혀 다른 현실을 창조할 수 있다. 주의를 어떻게 기울이느냐에 따라 우리는 더 수용적이고 친밀하며 사랑스런 세상을 만들 수도 있고, 더 배타적이고 소원한 세상을 만들 수도 있다.

우리는 한 순간 오픈 포커스 상태에서 포용적이고 사랑스런 존재가 되었다가도, 바로 다음 순간에 좁은 초점 상태에서 숫자의 열에만 온통 주의를 집중하는 회계사나, 분쟁 해결을 위해 상대와 다투는 변호사가 될 수도 있고, 복잡한 설계 도면을 가지고 씨름하는 엔지니어가 될 수도 있다. 이와 마찬가지로 우리는 처음에 어떤 경험을 대상화하여 그로부터 거리를 두었다가, 바로 다음 순간 그 경험과 하나가 되어 지금까지와는 완전히 다른 방식의 경험을 창조할 수도 있다. 물론 둘 다를 동시에 해낼 수도 있다.

훈련을 통해 상황에 적합한 방식으로 주의를 기울이는 법을 배운다면 우리가 안고 있는 문제와 책임을 언제든지 내려놓고 거기에서 벗어날 수 있으며, 원한다면 다시 붙들 수도 있다. 우리에게 불안, 우울, 만성적인 신체 통증이 있다면, 그것에 주의를 기울이는 방식을 바꿔서 통증이 흩어지도록 할 수도 있다. 궁극적으로 다양한 주의 방식들의 사용법을 안다면 과거의 짐과 미래에 대한 불안으로부터 한결 자유로워질 수 있다. 더 이상 자신의 행복을 다른 사람에게 의존하지 않아도 된다. 불쾌한 생각과 느낌의 희생자가 되지 않아도 된다. 무엇에도 비할 수 없는 자유로움을 발견하게 되는 것이다.

뇌라는 연못의 물결

———

주의와 뇌파 활동에 관한 연구에서 나의 흥미를 끈 일관된 패턴이 하나 있다. 그것은 사람들이 현재 순간에 머물 때 뇌 중앙부가 위상 동조 상태가 된다는 것이다. 그러나 후두(시각) 부위는 다른 뇌 부위와 같은 동조 상태를 보이지 않았다. 나는 이런 현상을 여러 차례 관찰했다. 이후 나는 이 관찰을 토대로, 뇌가 우리의 개인적 현실을 어떻게 만들고 해체하는지, 정신 현상이 어떻게 나타나고 사라지는지 이해하는 데 도움을 줄 수 있는 가설을 하나 세웠다.[1]

연못에 돌멩이를 던지면 물결이 동심원을 이루며 바깥으로 퍼져나간다. 돌멩이 두 개를 던지면 두 돌멩이가 떨어진 수면의 두 중심으로부터 각각 동심원이 퍼져나간다. 그런데 이 두 동심원이 충돌하는 곳에서 이차 패턴이 형성되는데 이것을 물리학자들은 '간섭 패턴 interference pattern'이라고 부른다.

이와 마찬가지로 의식consciousness도 세 개의 주요 부분으로 구성되어 있다고 할 수 있다. ① 주의 ② 주의의 내용 ③ 이 둘 모두의 목격자witness가 바로 그것이다. 이 각각의 요소들은 뇌의 전기 리듬으로 표현된다. 주의의 내용은 뇌의 감각 영역(예를 들면 시각을 담당하는 영역)으로 나타나고, 주의(알아차림)는 감각 영역을 제외한 나머지 부위의 활동을 통해 확인된다. 그런데 이 영역들 사이의 활동이 그 위상이 다르면 내부와 외부의 주의 내용에도 구분이 생긴다. 반면 두 영역 사이의 활동이 같은 위상에 있으면 이 구분은 사라지며 두 요소는 통합된 전체가 된다. 두 영역 간 활동의 위상이 다를 때 그 두 영역이 접하는 지점에서 간섭 패턴이 나타나는데, 이것이 바로 목격하는 '자아$_{self}$', 즉 '나$_{I-am}$'라는 자아를 생기게 만드는 메커니즘이다. 두 영역 간 활동의 위상이 다른 상태가 우리로 하여금 자신을 주의와 그 내용, 즉 주변 환경으로부터 분리시킬 수 있게 한다. 동물과 인간 모두 반사적으로 자기를 주변 환경과 분리시키지만, 인간은 이를 의식적으로도 할 수 있다. 좁은 대상형 초점 상태에서 이 자아 감각이 가장 두드러지게 나타난다.

그러나 우리가 넓은 합일형 주의 방식으로 옮겨갈 때 자아는 주의 및 그 내용과 하나가 되면서 뇌에서는 더 많은 동조 활동이 일어나고 우리는 자아를 의도적으로 의식하지 않을 수 있게 된다. 주의와 주의 내용의 뇌 활동이 같은 위상에 있으면 이 두 영역 사이의 접점 부위에 간섭 패턴이 생기지 않으므로 의식적인 구분은 사라진다. 주의와 그 내용들 사이에 구분이나 분리가 생기지 않는 것이다. 모든 것이 하나가 되고, 자아는 사라진다.

예컨대 목적지까지 어떻게 운전하고 왔는지 그 과정이 기억나지 않을 때, 동작을 전혀 의식하지 않고 식사나 설거지를 마쳤을 때 우리는 자아를 의식하지 않는 경험을 한 것이다. 어떤 일들은 너무나 일상적이어서 의식하지 못한다는 것조차 알아차리지 못한 채로 하기도 한다.

오픈 포커스 훈련을 통해 이런 상태에 이르는 법을 배운 내담자 한 명은 과거에 자신이 가장 좋아하는 해변에서 이런 상태를 경험했다고 했다. 드넓게 펼쳐진 모래사장, 푸른 하늘과 광활한 바다가 만나는 저 먼 수평선, 바다의 냄새, 따스한 햇살을 리드미컬하게 조절하며 살갗을 어루만지는 바람, 이 모든 것이 동시에 그녀로 하여금 자아를 잊고 하나로 합일되는 경험에 빠뜨렸다고 했다. "이 커다란 공간 속에서 내가 아주 작아진 느낌이었어요. 아니 거의 보이지도 않죠." 그녀의 말이다.

해변, 산, 바다, 사막, 그리고 (우주 비행사라면) 우주 공간에 이르기까지 3차원 환경은 그것 자체로 우리에게 지각의 변화를 불러일으킬 수 있다. 성당, 사원, 박물관처럼 인간이 만든 건축물도 비슷한 효과를 낳을 수 있다. 그러나 이런 자연물이나 건축물이 주는 자극─예술가나 운동 선수가 최고 기량을 보일 때도 마찬가지로─은 그러한 경험이 일어나는 계기일 뿐 원인은 아니다. 오픈 포커스 훈련을 통해 우리는 이런 합일의 순간을 경험하는 것이 특별한 조건이 있어야만 가능한 것이 아니라는 사실을 알게 된다. 오픈 포커스 상태로 주의 방식을 전환하는 법을 배우면 어떤 상황이라도 자아를 의식하지 않는 열린 주의 상태를 경험하는 기회가 될 수 있다.[2]

자아, 주의, 주의의 내용 사이에 구분이 없어지면, 이는 가장 심오한 수준에서 우주적 포용으로 확장되어 마침내 황홀경, 즉 완전한 하나됨complete oneness을 맛보는 데까지 이르게 된다.

물리학자 베르너 하이젠베르크는 "우리가 관찰하는 것은 자연 그 자체가 아니라 우리가 질문하는 방식에 맞게 드러난 자연"이라고 말했다. 여기서 '질문하는 방식'을 '주의를 기울이는 방식'이란 말로 바꿔보자. 이것이야말로 오픈 포커스의 정신을 가장 핵심적으로 집약한 말이다. 우리가 질문을 하는 방식은 거기에 어떻게 주의를 기울이느냐와 밀접한 관련이 있다. 그 반대도 마찬가지이다. 독자들이 오픈 포커스를 통해 새로운 질문을 던지는 법, 그리고 그에 따라 새로운 답을 끌어내는 법을 배웠으면 하는 것이 바로 나의 바람이다.

오픈 포커스가 의학 연구와 의료 행위에 가져올 변화를 생각해 보자. 좁은 초점 상태에서와 마찬가지로 현대 의학의 문제점은 자기만이 유일하게 옳고 정확하며 객관적이라고 주장하는 것이다. 현대 의학은 "뇌에 무슨 문제가 있나?" "몸에 무엇이 잘못되었나?" "이 몸이라는 '기계'를 어떻게 고쳐서 다시 달리게 할 수 있을까?" 같은 질문만 던진다. 제약 회사로부터 받은 연구 기금과 인간 건강에 대한 냉소적 견해로 인해 이런 증상 중심의 접근법은 아주 오랫동안 의료계가 질문을 던지는 주된 방식이었다. 이런 질문에 대한 답은 병의 범위를 넓혀서 더 많은 약을 만들어내게 할 뿐이었다.

약에 지나치게 의존하는 것이 갖는 문제점은 그것이 인간 몸을 약에 복종하도록 강요하는 방식이라는 데 있다. 몸과 마음은 정교하고 복잡한 시스템들로 이루어져 있다. 전체 시스템의 작은 부분이라도 변화를 강요당한다면, 또 그 사실을 우리가 알지 못한다면, 우리에게는 의도하지 않은 결과—분명하게 드러나는 것일 수도, 오랫동안 드러나지 않는 것일 수도 있다—가 일어나게 된다. 의학은 신체의 여러 시스템 사이의 수많은 상호 작용을 제대로 이해하지 못했기 때문에 오히려 자꾸만 문제를 일으켜왔다. 만약 주의attention에 관해 이해하게 된다면 우리는 신체 시스템을 새롭게 이해하고 더 이상 인간 몸의 구성 요소들을 조작하려 들지 않을 것이다.

우울증, 불안, 중독, 주의력결핍 및 과잉행동장애 같은 경우 인간의 중추신경계가 '고장' 난 것이 아니다. 다만 중추신경계가 스트레스 상태에 있는 것일 뿐이다. 우리는 인간의 몸을 '기계'로 보는 환원주의에서 벗어나 교감신경계 활동을 감소시키고 부교감 활동을 증가시키며, 몸과 마음, 그리고 영혼에 무엇이 '옳은지'를 물음으로써 유기체 전반의 균형을 도모해야 한다. 우리는 좁은 대상형 주의를 과도하게 사용한 나머지 지금과 같은 스트레스 질환이라는 유행병에 걸리게 되었다. 주의를 기울이는 과정의 균형을 다시 바로잡을 때 우리는 이 유행병에서 벗어날 수 있다. 우리는 뇌의 기능과 그것이 인간의 다른 생리 활동과 어떻게 관계 맺는지 이해할 필요가 있다. 브로노프스키의 말을 빌려 표현하면, 우리의 의지에 맞추라고 강요하지 않고 경험과 이해에 마음을 활짝 열 때 더 많은 것을 얻을 수 있다.

독립기념일

———

누구나 자신의 삶의 경험을, 그것이 어떤 경험이든, 더욱 깊이 있게 만드는 데 오픈 포커스를 사용할 수 있다. 오픈 포커스는 수많은 자기 계발 기법들과 경쟁하려고 만든 또 하나의 기법이 아니다. 그것은 어떠한 철학이나 종교, 과학, 문화, 개인적 가치관과도 충돌하지 않는다.

오픈 포커스라는 유연한 알아차림 기술을 가지고 살아가는 사람이라면―직장이나 학교, 집에서 매일 주의 훈련을 하는 사람이라면―자신의 존재에 한껏 마음을 열고, 잃어버린 자신의 일부를 되찾을 수 있게 될 것이다. 사람의 뇌는 평생 동안 학습이 가능하도록 만들어져 있다. 신경 가소성neural plasticity에 관한 최신 연구들이 그 사실을 뒷받침한다. 충분한 훈련과 연습을 한다면, 주의 방식을 유연하게 전환하는 것이 힘들지 않고 자연스럽게 이루어질 것이다. 유연한 주의를 통해 우리는 완전한 휴식 속으로 더 잘 들어갔다 나올 수 있으며, 이는 우리 몸의 회복 능력을 키워 오늘날 만연한 스트레스 질환을 예방하고 또 치유할 수 있도록 해준다. 2장에서 소개했던 사자들의 느긋한 위엄을 떠올려보라. 사자들은 한 순간 사냥감에 치열하게 집중한 뒤 얼마나 편안하고 자연스럽게 휴식을 취하는가? 우리도 그런 능력을 갖고 있다. 그 능력을 되찾기만 한다면 우리는 인간 고유의 능력과 자질을 더 잘 활용할 수 있게 될 것이다.

올림픽 수영 선수를 전신에 붕대를 감아 강의 급류에 빠트린다면 어떻게 될까? 아무리 수영을 잘하더라도 살아남을 가능성은 희박할 것이다. 몸에 감긴 붕대 때문에 그 뛰어난 수영 실력을 발휘할 수 없는 것처럼, 우리도 좁은 대상형 주의에 갇히면 우리가 타고난 다양한 주의 방식들을 사용해 매일처럼 쏟아지는 자극의 급류를 헤쳐 나가기 어려울 것이다. 그래서 자기 삶을 적극적으로 창조해 가기보다 그저 문제들에 대처하는 데 급급하게 될 것이다. 그래서는 안 된다. 우리는 창조적이고 자발적으로 그리고 유연하게 살 수 있다. 그렇게 사는 법을 배우는 날이 바로 우리의 진정한 '독립기념일'이 될 것이다.

우리 모두가 오픈 포커스 상태로 살아가는 세상, 고통이나 불안, 초조함, 지루함, 불확실함, 만성적인 불만족이 모두 해소된 세상을 상상해 보라. 우리가 정신적 폭정에서 해방되어 광활한 알아차림의 지평 위에 거하는 것을 상상해 보라. 세상으로부터 소외되고 분리되기보다 세상과 하나되어 자유롭게 사랑을 주고받는, 그래서 세상이 있는 그대로 멋진 곳임을 알고 경험한다면 어떨까? 그런 세상은 가능하다. 다만 우리가 주의를 기울이는 존재로서의 역할을 온전히 수행하고 유연하게 주의를 기울이는 연습을 할 때에만!

에필로그

"과학적 진보를 가로막는 가장 큰 장애물은 기적은 일어날 수 없
다는, 과학자들을 포함한 일부 사람들의 믿음이다."

— 조지 트림블George Trimble, NASA 유인우주센터 디렉터

이 책을 다 읽고 난 지금 오픈 포커스가 너무 좋은데 너무 쉬워서 의심
의 눈길을 보낼지도 모르겠다. 그러나 안심하라. 우리는 이 책에서 오
픈 포커스를 통해 가장 확실하게 문제가 해결된 사례들을 다루었지
만, 이 내용들은 모두 우리가 아는 한 추호의 거짓도 없는 것들이다.
모든 사례는 실제 사례이며(이름은 개인의 사생활 존중을 위해 바꾸었
다), 그 사례들의 결과도 우리가 현장에서 자주 목격하는 것들이다.

나는 과거에 오픈 포커스를 경험해 본 내담자나 학생을 우연히 만
날 기회가 종종 있다. 그럴 때마다 그들은 오픈 포커스 주의 훈련을
받기를 잘했다고 말한다. 오픈 포커스가 그들에게 준 이익은 분명하

다. 지금도 집에서 얼마나 자주 오픈 포커스 훈련을 하느냐고 물으면, 대개 "열심히 하지는 않아요"라는 대답이 돌아온다. 그러다 내가 더 집요하게 물으면 그들은 별다른 문제가 다시 생기지 않는 한 거의 연습하지 않는다면서, 그러다 보니 초점이 다시 좁아져 과잉 반응을 하게 되고, 예전의 경직된 주의 습관으로 돌아가게 된다고 말한다. 균형을 회복하기 위해 그들은 주의 방식의 유연성을 회복할 때까지는 연습을 하지만 그런 다음에는 다시 점점 띄엄띄엄 연습을 하게 된다고 한다. 오랫동안 오픈 포커스를 해온 사람들 대부분이 이런 방식으로 오픈 포커스를 사용하고 있다. 마치 스트레스 증상이 느껴지면 알약을 먹는 것처럼 필요할 때만 이용하는 것이다.

오픈 포커스는 하나의 기술이라기보다 중심이 잡힌 존재 방식이라고 할 수 있다. 이 책에 소개된 긍정적인 변화를 경험한 사람들, 그리고 소개되지 않았더라도 오픈 포커스를 통해 좋은 변화를 경험한 무수히 많은 사람들은 오픈 포커스에 시간을 투자하고 집에서 꾸준히 연습한 사람들이다. 사람들이 오픈 포커스를 자신의 삶의 동반자로, 일상의 예술로 받아들여 자신의 주의 방식에 깊이를 더하고 그것을 더 유연하게 적용할 수 있으면 하는 것이 나의 간절한 바람이다.

무엇보다 변함없는 나의 지지자로 전문적인 임상 지식을 나눠주고 이 책에 대한 조언도 아끼지 않은 아내 수잔 쇼 페미에게 깊이 감사 드린다. 이 책이 출간되는 데는 아내의 도움이 정말 큰 역할을 했다. 특히 마지막 장 "주의와 심리 치료"는 아내의 도움이 없었다면 쓰지 못했을 것이다.

또 물리학과 수학이라는 학문적으로 비교적 약한 분야에서 나를 구해준 로널드 존슨Ronald Johnson 교수와 제임스 맥고우James McGaugh 교수에게도 감사를 전한다.

나에게 자신의 연구실을 개방해 준 UCLA 뇌연구소의 도널드 린

드슬리Donald B. Lindsley 교수에게도 크게 감사드린다. 그 덕분에 주의를 기울이는 방식과 생리적 관계가 중요하다는 사실을 처음으로 알게 되었다.

자각과 주의라는 주제를 탐구하도록 영감을 준 조슈 사사키 로시Joshu Sasaki Roshi에게도 감사드린다. 그는 자신의 공안公案에 대해 내가 한 대답을 받아들이지 않았는데 그 덕분에 이 주제에 대한 나의 의지와 흥미, 노력이 꺼지지 않을 수 있었다.

비판적 조언은 물론 유용한 제안까지 많이 던져준 우리 아이들 로라, 제프리, 에미에게도 고마움을 전한다.

이 책 작업을 마무리 짓기까지 수년 동안 행정적 지원을 해준 필리스 로픈Phyllis Loften과 이 책의 초고를 쓰는 데 도움을 준 로렌스 케틀캄프Lawrence Kettlekamp에게도 고마움을 표한다.

이 책의 편집자 제이컵 모리스Jacob Morris는 해박한 지식과 사려 깊은 편집으로, 또 보조 편집자 벤 글리슨Ben Gleason은 여러 소중한 제안으로 내게 도움을 주었다. 또 통찰력 있는 편집자 이든 스타인버그Eden Steinberg는 이 책을 인수해 이 책이 지금의 모양과 내용을 갖추는 데 상당한 기여를 했다. 에이전트인 스튜어트 번스타인Stuart Bernstein은 이 원고를 이든에게 처음 건넨 사람으로 이 책이 출간되기까지 전 과정에서 우리에게 도움을 주었다. 모두에게 크게 감사드린다.

— 레스 페미

1. 좁은 주의에 중독되다

1. H.G. Hoffman, J.N. Doctor, D.R. Patterson, G.J. Carrougher, T. A. Furness, III, "Use of Virtual Reality for Adjunctive Treatment of Adolescent Burn Pain During Wound Care: A Case Report," *Pain* 85(2000), pp. 305~309.

2. 내려놓음의 행복

1. Lester G. Fehmi, J.W. Adkins, Donald B. Lindsley, "Electro-physiological Correlates of Visual Perceptual Masking in Monkeys," *Experimental Brain Research* 7(1969), pp. 299~316.

2. L. Gannon, R. Sternbach, "Alpha Enhancement as a Treatment for Pain: A Case Study," *Behavior Therapy and Experimental Psychiatry* 2(1971), pp. 209~213; K. Pelletier, E. Peper, "Developing a Biofeedback Model: Alpha EEG Feedback as a Means for Pain Control," *International Journal of Clinical and Experimental Hypnosis* 25, no. 4(1977), pp. 361~371; E.G. Peniston, P.J. Kulkosky, "Alpha Theta Brain Wave Training for Vietman Veterans with Combat-Related Post Traumatic Stress Disorder," *Medical Psychotherapy* 4(1991), pp. 47~60; Peniston, Kulkosky, "Alcoholic Personality and Alpha Theta Brain Wave Training," *Medical Psychotherapy* 3(1990), pp. 37~55; J.T. McKnight, Les Fehmi, "Attention and Neurofeedback Synchrony Training: Clinical Results

and Their Significance," *Journal of Neurotherapy* 5, nos. 1~21(2001), pp. 45~62; D. Lehmann, W. Lang, P. Debruyne, "Controlled EEG Alpha Feedback Training in Normals and Headache Patients," *Archives of Psychiatry* 221(1976), pp. 331~343; A. Matthew, H. Mishm, V. Kumamiah, "Alpha Feedback in the Treatment of Tension Headache," *Journal of Personality and Clinical Studies* 3, no. 1(1987), pp. 17~22; Hanslmayr, Sausing, Doppelmayr, Klimerer, "Increasing Individual Upper Alpha Power by Neurofeedback Improves Cognitive Performance in Human Subjects," *Applied Psychophysiology and Biofeedback* 30, no.1(2005).

3. Ernst Niebur, Steven S. Hsiao, Kenneth O. Johnson, "Synchrony: A Neuronal Mechanism for Attentional Selection?," *Current Opinion in Neurobiology* 12, no. 2(2002), pp. 190~195 참조. Pascal Fries, John H. Reynolds, Alan E. Rorie, Robert Desimone, "Modulation of Oscillatory Neuronal Synchronization by Selective Visual Attention," *Science* 291, no. 5508(2001), pp. 1560~1563도 참조. 데시몬Desimone, 프라이스Fries와 그의 동료들은 동조화된 신경 신호 발화는 행동과 관련된 자극을 표시하는 뇌 신호의 양을 증가시키는 기본 메커니즘이라고 믿는다. 또 많은 정신 장애가 뇌가 동시적으로 신호를 발화하지 못하는 데 기인한다고 본다.

4. William Tiller, *Science and Human Transformation: Subtle Energies, Intentionality and Consciousness* (Walnut Creek, Calif.: Pavior Publishing, 1997). 코넬대학교의 응용수학 교수 스티븐 스트로가츠Steven Strogatz는 저서 *Sync: How Order Emerges from Chaos in the Universe, Nature and Daily Life*에서 이렇게 쓰고 있다. "동조화하려는 경향은 모든 자연에서 가장 신비롭고 보편적인 경향일 것이다."

5. 많은 뇌전도 연구들이 명상가들의 동조화 수준이 높다는 것을 보여주었다. Michael Murphy, Steven Donovan, *The Physical and Psychological Effects of Meditation: A Review of Contemporary Research with a Comprehensive Bibliography, 1931~1996*, 2nd ed.(Petaluma, CA: Institute of Noetic Sciences, 1997). 이 책의 편집자는 "해부학적으로 구분되는 뇌의 네 영역(좌측, 우측, 전두엽, 후두엽)에서 알파파 활동의 분포와 관련한 뇌전도 동조/일치 현상은 명상의 효과성을 가리키는 것이라 할 수 있다"고 했다.

6. James V. Hardt, Joseph Kamiya, "Anxiety Change through EEG Alpha Feedback: Seen Only in High-Anxiety Subjects," *Science* 201(1978), pp. 79~81.

7. 위상 일치phase coherence가 사고의 명료함과 관련이 있음을 가리키는 연구는 다음을 참조. K. Badawi, R.K. Wallace, A.M. Rouzere, D. Orme-Johnson, "Electrophysical Changes during Periods of *Respiratory Suspension in the Transcendental Meditation Technique*," *Psychosomatic Medicine* 46(1984), pp. 267~276. 비슷한 발견에 이른 초기 연구로는 다음이 있다. J.T. Farrow, J.R. Herbert, "Breath Suspension During the Transcendental Meditation Technique," *Psychosomatic Medicine* 44, no. 2(1982), pp. 133~153. 이 연구들은 오랫동안 명상을 한 사람은 알파파 동조가 증가한다는 사실도 발견했다.

3. 오픈 포커스 주의 방식

1. George Fritz, Les Fehmi, *The Open-Focus Handbook* (Princeton: Biofeedback Computers, 1982), p. 33.

2. 거의 30여 개의 연구가 이 상호 관련성을 지지하고 있다. 그것을 처음으로 인지한 사람은 시카고대학교의 유진 젠들린Eugene Gendlin이다. 이들 연구에 대한 리뷰는 다음을 참조. L.S. Greenberg and W.M. Pinsof, *The Psychotherapeutic Process: A Research Handbook* (New York: Guilford Press, 1986), pp. 21~71.

3. George Fritz and Les Fehmi, *The Open-Focus Handbook* (Princeton: Biofeedback Computers, 1982), p. 15.

4. 같은 책, p. 27.

5. 같은 책.

6. 같은 책, pp. 28~29.

4. 저 아래 숨어 있는 것, 불안

1. 다음을 참조. Lisa Kalynchuk et al., "Corticosterone Increases Depression-Like Behavior with Some Effects on Predator Odor-Induced Defensive Behavior in Male and Female Rats," *Behavioral Neuroscience* 118(2004), pp. 1365~1377.

2. 얼굴과 대상 인식에 관계하는 뇌 영역을 이해하는 것은 커다란 연구 주제로 수백 개 연구가 이에 관계하는 서로 다른 뇌 영역에 대한 분석을 시도했다. 코닥Kodak의 연구원들은 주의력결핍 및 과잉행동장애ADHD가 있는 사람들이 빈 컴퓨터 화면을 보고 있으면 손가락 끝 체온이 즉시 떨어진다는 사실을 발견했다. "외부 자극이 없으면 ADHD 환자들의 불안 수준이 증가하고 스트레스 수준도 증가한다." 이 발견으로 코닥은 손가락 끝 체온을 측정하는 ADHD 진단 도구를 개발했다.

3. Bruce D. Perry, "The Memories of States: How the Brain Stores and Retrieves Traumatic Experiences," *Splintered Reflections: Images of the Body in Trauma*, ed. J Jean Goodwin, Reina Attias (New York: Basic Books, 1999).

4. Meredith F. Small, "Family Matters," *Discover* 21, no.8(2000).

5. 같은 책.

6. William S. Condon, Louis W. Sander, "Neonate Movement Is Synchronized with Adult Speech: Interactional Participation and Language Acquisition," *Science* 183, no.4120(1974), pp. 99~101.

5. 신체 통증의 해소

1. H.G. Fassbender, K. Wegner, "Morphologie und Pathogenese des Weichteilrheumatismus," Z. Rheumaforsch 32(1973), p. 355. 뉴욕대학교 의대 의사인 존 사노John Sarno 박사는 자신의 저서 《요통을 이기는 마음의 힘*Mind Over Back Pain*》과 《통증 혁명*Healing Back Pain*》 등에서 어떻게 무의식 속의 억압된 감정 때문에 근육의 심한 통증이 생길 수 있는지를 훌륭하게 설명했다.

6. 감정적 고통의 해소

1. John Furness, *The Enteric Nervous System* (Malden, Mass.: Blackwell, 2005).

2. 시각 경험에 주의를 기울이는 것이 어째서 우리에게 그렇게 깊고 광범위한 영향을 미치는지는 아직 밝혀지지 않았다. 그러나 가능성 있는 메커니즘을 제시한 몇몇 연구들이 있다. 1980년대 하버드대학교 의대의 마가렛 리빙스톤Margaret Livingstone 박사와 데이비드 허블David Hubel 박사(허블 박사는 시각 시스템의 정보 처리에 관한 연구

로 동료들과 함께 1981년 노벨 생리의학상을 수상했다)는 시각 시스템이 서로 구별되며 평행한 두 개의 경로를 통해 뇌와 연결되어 있다는 사실을 발견했다. 하나는 소세포parvocellular 경로이고, 하나는 대세포magnocellular 경로이다. 시각 영역 중앙에서는 소세포만 발견되는 반면, 주변부 시각에서는 대세포와 소세포가 함께 발견된다. 이두 시스템은 망막에서부터 대뇌피질에 이르기까지 시각 기관 전체에 걸쳐 존재하고있다.

몇몇 연구자들은 이 두 채널이 중추신경계에서 서로 다른 역할을 한다고 생각한다. 시각 재훈련을 통해 ADHD와 시력 이상을 치료하는 브루클린의 심리학자이자 검안사인 조지프 트라흐트만Joseph Trachtman 박사는 망막 중앙의 소세포는 고주파의 베타파를 활성화시키고 망막 주변부의 대세포는 알파파 및 세타파의 증폭과 관련이 있다고말한다. 바꿔 말하면 눈의 중심부를 통해 주의를 기울이는 것은 고주파의 뇌전도 활동과 관계가 있고, 주변부 시각 영역에 주의를 기울이는 것은 ('넓은 주의'에서처럼) 대세포를 활성화시켜 저주파수 영역의 뇌파를 일으킨다는 것이다. 트라흐트만은 또한 소세포는 좌뇌와 직접 연결되어 있어 논리적이고 분석적인 사고, 지속적인 시각 과제 수행과 관련이 있다고 믿는다. 한편 대세포는 우뇌와 연결되어 있어 창조성, 3차원 지각, 직감과 관련이 있다고 본다. 트라흐트만은 바이오피드백을 이용하여 환자들이 망막의 바깥쪽 부위를 활용하는 법을 가르쳐 근시와 ADHD를 치료하고 있다. 그는 이 치료법이환자들의 정서와 면역계 기능, 근육 긴장에도 눈에 띄는 효과가 있다고 한다. 이것은 뇌의 인지적·감정적 부위가 적절한 기능을 발휘하기 위해서는 눈과 좌우 뇌반구의 중앙부와 바깥쪽 주변부를 동시에 사용해야 한다는 것을 의미한다.

학습 및 행동상의 문제가 시각 이상으로 인해 더 악화된다고 주장하는 소수의, 그러나 열렬한 학파가 있었다. 이것은 행동 시력 측정법(검안법)의 원조이자 캘리포니아 산타아나에 있는 '시력 측정 확장 프로그램Optometric Extension Program'이라는 단체의 공동 창립자인 A.M. 스케핑턴Skeffington 박사가 처음 제안한 주장이다. 허블과리빙스턴이 확증하기도 전에 스케핑턴은 시각 경로에는 두 부위가 있으며, 중앙부와 주변부 시각 하위 시스템을 모두 사용하는 것이 아이들에게 스스로 차분해지는 법을 가르치고, ADHD와 기타 학습 문제를 해결하는 효과적인 방법이라고 주장했다. 그는 아이들에게 자신의 시각 경험에 주의를 기울이는 방식을 바꾸는 법을 가르치는 것이 다만시력을 향상시킬 뿐만 아니라 다양한 감정적·인지적 문제도 해결해 준다는 것을 발견했다.

베이츠Bates 방법 등 많은 행동적 접근법들은, 감정적·신체적 스트레스가 다양한 시력 문제의 원인이라고 주장한다. 눈 근육의 만성적인 긴장이 눈의 자연 상태로부터 멀어지게 해 시력에 해를 입힌다는 것이다. 이런 방법의 주창자들은 눈의 자연스러운 건강 상태와 기능을 회복하기 위해 다양한 주의 변화 연습을 사용한다.(비록 그것을 '주의 연습'이라고 부르지는 않지만.)

캘리포니아 샌 버난디노의 발달 검안사 스탠리 카세노Stanley Kaseno는 오직 시력 측정법으로 비행 청소년들을 성공적으로 치료했다. 어느 연구에 의하면 1천 명의 비행 청소년 중 오직 5퍼센트만이 정상적인 시각 지각을 갖고 있었다고 한다. 연구자들은 이전에는 한 번도 그런 처방을 받아본 적이 없는 비행 청소년들에게 451개의 안경을 쓰도록 했다. 연구자들은 청소년들에게 시각 이미지, 시각 기억, 공간상의 물체 위치 맞히기 등 다양한 시각 관련 연습을 실시했다. 연구를 마무리 지을 즈음에, 오직 시각 치료만 사용하여, 평균 16세 청소년들의 읽기 수준이 5등급에서 8.5등급으로 향상되었고 지능지수도 90에서 95로 증가했다. 더욱이 이들 비행 청소년들의 재범률도 50~60퍼센트에서 10퍼센트로 급격히 떨어졌다.

3. 심리적 스트레스가 면역계에 미치는 영향에 대한 연구는 매우 많다. 다음을 참조. Bruce S. Rabin, *Stress, Immune Function and Health: the Connection* (New York: Wiley, 1999).

7. 사랑은 주의를 기울이는 하나의 방식이다

1. 하트매스 연구소The HeartMath Institute는 인간 심리에서 심장의 역할에 대해 많은 연구를 했다. 다음을 참조. Rollin McCraty, Mike Atkinson, Dana Tomasino, *Science of the Heart: Exploring the Role of the Heart in Human Performance: An Overview of Research Conducted by the Institute of HeartMath* (Boulder Creek, Calif.: Institute of HeartMath, 2001), http://www.heartmath.org/research/research-science-of-the-heart.html

2. 심장병과 우울증에 관한 다수의 연구가 있다. 몬트리올심장연구소는 222명의 심장병 환자에 대한 연구를 통해 우울증이 있는 심장 발작 생존자의 6개월 이내 사망률이 우울증이 없는 심장병 환자보다 무려 네 배나 높다는 사실을 발견했다. 다음 자료 참조. N. Frasure-Smith, F. Lesperance, M. Taljic, "Depression Following Myocardial Infarction: Impact on Six-Month Survival," *Journal of the American Medical Association* 270, no. 15(1993), pp. 1819~1825.

1,551명의 환자를 대상으로 한 존스홉킨스대학병원의 연구에 의하면 우울증에 걸린 사람은 심장병에 걸릴 확률이 그렇지 않은 사람에 비해 네 배나 높다고 한다. 다음 자료 참조. Laura A. Pratt et al, "Depression, Psychotropic Medication, and Risk of Myocardial Infarction: Prospective Data from the Baltimore ECA Follow-Up," *Circulation* 94(1996), pp. 3123~3129.

오하이오주립대학교의 연구자들은 우울증에 걸린 사람이 심장병 발병률이 정상인보다 70퍼센트가 높다는 사실을 발견했다. 다음 자료 참조. Amy K. Ferketich et al., "Depression as an Antecedent to Heart Disease among Women and Men in the NHANES I Study," *Archives of Internal Medicine* 160(2000), pp. 1261~1268.

8. 최고의 성취

1. Dan Landers et al., "Hemispheric Asymmetry, Cardiac Response, and Performance in Elite Archers," *Research Quarterly for Exercise and Sport* 61, no.4(1990), pp. 351~59.

2. 다음을 참조. M.K. Kavussanu, D.J. Crews, D.L. Gill, "The Effects of Single versus Multiple Measures of Biofeedback on Basketball Free Throwing Shooting Performance," *International Journal of Sport Psychology* 29, no.2(1998). 다음도 참조. Gavin M. Loze, David Collins, Paul S. Holmes, "Pre-Shot EEG Alpha-Power Reactivity during Expert Air-Pistol Shooting: A Comparison of Best and Worst Shots," *Journal of Sports Science* 19, no.9(2001), pp. 727~733.

3. Tobias Egner, John H. Gruzelier, "Ecological Validity of Neurofeedback: Modulation of Slow-Wave EEG Enhances Musical Performance," *Neuroreport* 14, no.9(2003), pp. 1221~1224.

9. 오픈 포커스로 살기

1. Turk et al., "The Distributed Nature of the Self," *Annals of the New York Academy of Sciences* 1001(2003.10).

2. All Things Considered, 2006.10.17.

3. "Positive Outcome with Neurofeedback Treatment in Case of Mild Autism,"

Arthur G. Sichel, Lester G. Fehmi, David M. Goldstein, *Journal of Neurotherapy*, 1995년 여름호.

4. George Fritz and Les Fehmi, *The Open-Focus Handbook* (Princeton: Biofeedback Computers, 1982), p. 101.

10. 주의와 심리 치료

1. 실제로 심리 치료계에서 이러한 변화가 진행 중이다. 그것은 다음과 같은 심리 치료법들의 인기와 연구 자료가 증가하고 있는 사정에서도 알 수 있다. 즉 수용 및 전념 치료Acceptance and Commitment Therapy(ACT), 변증법적 행동 치료Dialectical Behavior Therapy(DBT), 마음 챙김에 기초한 인지 치료Mindfulness-Based Cognitive Therapy(MBCT) 등은 모두 정신적 내용을 이해하고 그것을 교정하려는 것이 아니라 알아차림의 과정과 전체적인 맥락에 대한 작업을 더 중요시한다.

책을 마치며: 오픈 포커스, 불안과 고통에서 해방되는 효과적인 기술

1. 이 이론에 관한 더 자세한 내용은 www.OpenFocus.com에 소개되어 있다.

2. George Fritz and Les Fehmi, *The Open-Focus Handbook* (Princeton: Biofeedback Computers, 1982), pp. 132~133.

명상과 과학의 만남

이 책은 제목에 '브레인'이란 단어가 있지만 뇌과학 책보다 몸과 마음의 치유 실습 책에 가깝다고 할 수 있다. 의식에 여러 차원이 있지만 주의attention라는 차원은 의식의 내용contents이 아니라 내용을 의식하는 양태mode의 문제로서, 우리가 흔히 간과하며 지내는 의식의 차원이다.

마치 등잔 밑이 어두운 것처럼 우리는 자신이 '무엇을' 의식하는지는 알지만 '어떻게' 의식하는지는 잘 모른다. 한마디로 "주의를 기울이는 방식에 주의를 기울이라"는 것이 이 책의 메시지다. 이것은 곧 상위 지각meta-cognition, 알아차림awareness, 마음챙김mindfulness이라는 명상적 상태와 유사하다. 명상적 상태를 체험하고 싶은 사람, 명상과 과학의 행복한 만남을 원하는 사람이 읽으면 도움이 될 것이다.

저자 레스 페미Les Fehmi 박사는 UCLA에서 심리학 박사를 마치고 UCLA 뇌연구소 박사후 과정을 수료했으며 스토니브룩 뉴욕주립대SUNY Stony Brook에서 심리학 교수와 프린스턴 바이오피드백 센터 소장을 지냈다. 뉴로피드백 분야의 선구자로 알려진 그는 우리가 일상적으로 사물과 주변 상황에 주의를 기울이는 방식을 '좁은 대상형 주의'라고 본다. 이것은 지각 범위가 좁고 주의의 초점이 지각 대상에만 맞춰져 있는 방식이다. 그리고 이 '좁은 대상형' 지각이 몸과 마음의 만성적인 긴장 상태를 불러오며, 그 결과 우울증, 만성통증, ADHD 등 현대에 만연한 온갖 질환을 일으킨다고 본다.

'좁은 대상형' 지각은 위기 상황 때 적합한 주의 방식이다. 그런데 위기 상황이 지나고 평상시에도 이런 위기 상황 때의 주의 방식을 자신도 모르게 지속하고 있다는 데 문제가 있다는 것이다. 따라서 이 '좁은 대상형' 지각의 정반대 방식인 '넓은 합일형diffuse-immersed'으로 주의의 방식을 전환할 수 있다면 몸과 마음의 긴장으로 인한 문제들을 상당 부분 해결할 수 있다는 주장이다. (저자는 우울증, 불안, ADHD, 만성통증, 심지어 심리적 괴로움까지도 모두 좁은 대상형 주의에 따르는 몸과 마음의 긴장 때문에 생기는 문제로 본다.)

저자는 오픈 포커스 훈련을 위한 연습을 책 곳곳에 배치하였다. 연습의 핵심은 우리가 평소 잘 지각하지 못하던 방식으로 주의를 기울여보는 것이다. 평생 뉴로피드백을 연구해 온 저자는 또한 우리가 주의를 기울이는 방식이 우리 뇌파에도 영향을 미친다는 사실을 뇌전도EEG 상에서 보여주고 있다. '오픈 포커스'에 대한 과학적 근거를 제시하고 있는 셈이다. 즉 특정 방식의 주의 기울임이 특정 유형의 뇌파에 상응한다는 사실을 보여주고 있다.

뇌과학 책들은 주로 뇌 연구의 흥미로운 발견들, 이론적 논의, 인간의 인지적 오류라든지 혹은 흥미로운 가십성 주제를 다룬 것이 대부분인 데 비해, 이 책은 책과 음성 실습을 통해 자신의 몸과 마음의 변화를 직접 체험하도록 했다는 점에서 여타의 뇌과학 책들과 차별성을 갖는다. 주변 세상에 주의를 기울이는 방식에 변화를 줌으로써 지금껏 몰랐던 새로운 삶에 눈뜨고 싶은 독자들에게 일독을 권한다.

샨티의 뿌리회원이 되어
'몸과 마음과 영혼의 평화를 위한 책'을 만들고 나누는 데
함께해 주신 분들께 깊이 감사드립니다.

뿌리회원(개인)

이슬, 이원태, 최은숙, 노을이, 김인식, 은비, 여랑, 윤석희, 하성주, 김명중, 산나무, 일부, 박은미, 정진용, 최미희, 최종규, 박태웅, 송숙희, 황안나, 최경실, 유재원, 홍윤경, 서화범, 이주영, 오수익, 문경보, 여희숙, 조성환, 김영란, 풀꽃, 백수영, 황지숙, 박재신, 염진섭, 이현주, 이재길, 이춘복, 장완, 한명숙, 이세훈, 이종기, 현재연, 문소영, 유귀자, 윤홍용, 김종휘, 보리, 문수경, 전장호, 이진, 최애영, 김진회, 백예인, 이강선, 박진규, 이욱현, 최훈동, 이상운, 이산옥, 김진선, 심재한, 안필현, 육성철, 신용우, 곽지희, 전수영, 기숙희, 김명철, 장미경, 정정희, 변승식, 주중식, 이삼기, 홍성관, 이동현, 김혜영, 김진이, 추경희, 해다운, 서곤, 강서진, 이조완, 조영희, 이다겸, 이미경, 김우, 조금자, 김승한, 주승동, 김옥남, 다사, 이영희, 이기주, 오선희, 김아름, 명혜진, 장애리, 한동철, 신우정, 제갈윤혜, 최정순, 문선희

뿌리회원(단체/기업)

주/김정문알로에 KIM JEONG MOON ALOE CO. LTD   한경재단   design Vita   PN풍년

법인 한국가족상담협회·한국가족상담센터   생각과느낌 소아청소년 성인 몸 마음 클리닉

경일신경과 | 내과의원   순수피부과 Soonsu Skin Clinic   월간 풍경소리   FUERZA

회원이 아니더라도 이름과 전화번호, 주소를 보내주시면 독자회원으로
등록되어 신간과 각종 행사 안내를 이메일로 받아보실 수 있습니다.

이메일 : shantibooks@naver.com
전화 : 02-3143-6360   팩스 : 02-6455-6367